KAROLIN KÜNTZEL ⊙ FRANCO TEMPESTA

GEHEIMNISVOLLES MEER

compact kids ist ein Imprint der Compact Verlag GmbH

© Compact Verlag GmbH
Baierbrunner Straße 27, 81379 München
Ausgabe 2016

Alle Rechte vorbehalten. Nachdruck, auch auszugsweise,
nur mit ausdrücklicher Genehmigung des Verlages gestattet.

Text: Karolin Küntzel
Redaktionsleitung: Anja Fislage
Fachredaktion: Dipl.-Biol. Lars Wilker
Produktion: Ute Hausleiter
Abbildungen: Illustrationen Franco Tempesta,
alle übrigen Abbildungen siehe Bildnachweis S. 128
Titelillustration: Franco Tempesta
Umschlaggestaltung und Innenlayout: Enrico Albisetti

ISBN 978-3-8174-1591-5
381741591/1

www.compactverlag.de

ENTDECKE DAS MEER!

Die Erde ist blau. Das liegt daran, dass es viel mehr Wasserflächen als Landmassen gibt. So verschieden wie die Kontinente sind auch die Ozeane und Meere. Von eisbedeckt und lausig kalt bis tropisch warm reichen die Wassertemperaturen. Einige Meere wie die Ostsee sind flach, andere wie der Pazifik enorm tief, und weil die Unterschiede so groß sind, leben in den Meeren auch ganz verschiedene Tiere. Manche von ihnen bevorzugen den Meeresboden, andere halten sich lieber dicht unter der Wasseroberfläche auf.

Wie die Meere entstanden sind, erfährst du in diesem Buch. Du lernst die verschiedenen Lebensräume kennen und die Tiere und Pflanzen, die dort zu Hause sind. Merkwürdige Geschöpfe sind darunter, und so wundert es dich vielleicht auch nicht, dass es eine Menge Geschichten über Seeungeheuer und Geisterschiffe gibt. Was ist dran an diesen Schauergeschichten?

Zu guter Letzt machst du Bekanntschaft mit den Menschen, die das Meer entdeckt und erforscht haben, und bekommst einen kleinen Einblick, wie Energie aus dem Meer gewonnen wird.

INHALT

DAS MEER — 6

- DIE ENTSTEHUNG DES MEERES — 8
- WASSER — 12
- STRAND UND KÜSTE — 16
- ZONEN DES OZEANS — 20
- MEERE DIESER WELT — 24
- WUNDER DES MEERES — 28

LEBENSRÄUME IM MEER — 32

- KÜSTENMEER UND SCHELFMEER — 34
- SANDKÜSTE UND FELSKÜSTE — 38
- WATTENMEER — 42
- KORALLENRIFF — 46
- MEERESBODEN — 50
- POLARMEERE — 54
- TIEFSEE — 58

MEERESTIERE UND MEERESPFLANZEN 62

- HAIE, FISCHE, MEERESSCHILDKRÖTEN 64
- MEERESSÄUGER 68
- SEEVÖGEL 72
- WEICHE UND STACHELIGE BEWOHNER 76
- KREBSE, PLANKTON & CO. 80
- TIEFSEEFISCHE 84
- MEERESPFLANZEN 88

GEHEIMNISSE UND GEFAHREN DES MEERES 90

- MEERESUNGEHEUER 92
- UNHEIMLICHES MEER 94
- SAGEN & LEGENDEN 98
- PIRATEN FRÜHER UND HEUTE 102
- VOM WELLENGANG ZUM UNTERGANG 106

DER MENSCH UND DAS MEER 108

- SEEFAHRT FRÜHER UND HEUTE 110
- SEEFAHRER UND ENTDECKER 114
- U-BOOTE UND UNTERWASSERSTATIONEN 118
- BERUFE RUND UM DAS MEER 120
- ENERGIE UND ROHSTOFFE 122
- VERSCHMUTZUNG UND ÜBERFISCHUNG 124

REGISTER 126

BILDNACHWEIS 128

DIE ENTSTEHUNG DES MEERES

MOND AUS TRÜMMERN

Bei dem Aufprall des Himmelskörpers auf die Erde entstanden jede Menge Trümmer. Aus ihnen bildete sich vermutlich unser Mond.

DIE ERDE …

Wenn du dir heute Aufnahmen der Erde aus dem Weltall ansiehst, stellst du fest, dass ein Großteil unseres Planeten blau ist. Das sind die Ozeane, die circa 71 Prozent (oder anders ausgedrückt: ungefähr drei Viertel) der Erdoberfläche bedecken. Deshalb wird die Erde auch „der blaue Planet" genannt. Als er vor rund fünf Milliarden Jahren aus Staub- und Gesteinsteilchen entstand, war von Wasser allerdings noch keine Spur.

500 Millionen Jahre v. Chr.

300 Millionen Jahre v. Chr.

... EIN FEURIGES MEER

Durch einen Himmelskörper, halb so groß wie die junge Erde selbst, der vor viereinhalb Milliarden Jahren auf die Erde zuraste und auf der Oberfläche einschlug, entstand eine gewaltige Hitze. Sie war so enorm, dass sich der ganze Planet in einen riesigen Ozean aus flüssigem, geschmolzenen Gestein verwandelte. Die ganze Erde kochte und brodelte, und es dauerte sehr, sehr lange, bis sie so weit abkühlte, dass sich eine dünne Kruste bilden konnte.

EINSCHLÄGE UND AUSBRÜCHE

Lange Zeit prasselten Gesteinsbrocken aus dem All auf die Erde nieder, durchbrachen die empfindliche Kruste und lösten Vulkanausbrüche aus. Dabei entwichen Gase und Wasserdampf, die sich zu Wolken verdichteten und die Atmosphäre bildeten.

WASSER MARSCH!

Und jetzt kommt endlich das Wasser ins Spiel. Denn als die Erde weiter abkühlte, verwandelte sich der Wasserdampf in Wasser und es begann zu regnen. Was bei einem Wolkenbruch passiert, hast du vielleicht schon einmal selbst erlebt. Es schüttet wie aus Kübeln und aus Rinnsalen werden im Nu Bäche oder sogar reißende Flüsse. Bei der riesigen Wasserfläche auf der Erde ging das allerdings nicht von heute auf morgen. Es regnete unvorstellbare Jahrtausende lang ohne Unterbrechung.

PROBIERE ES AUS!

Stelle das nächste Mal, wenn es bei dir regnet, eine Schüssel ins Freie. Beobachte, wie lange es dauert, bis sie voll Wasser ist. Wie viel Regen hast du in dieser Zeit aufgefangen?

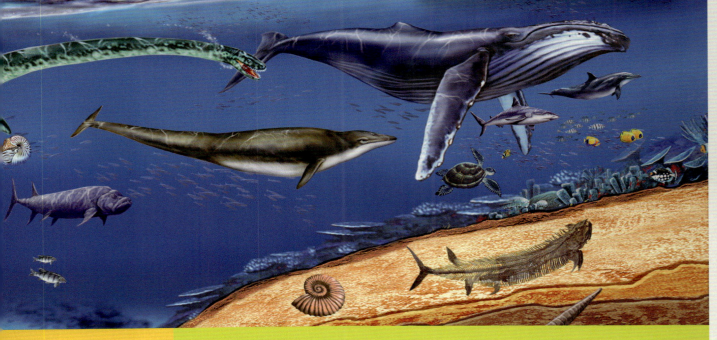

200 Millionen Jahre v. Chr.

DIE ENTSTEHUNG DES MEERES

SENKEN, RINNEN, SCHLUCHTEN

Die Erde kühlte nicht an allen Stellen gleich schnell ab. Bereits feste Gesteinsschichten sanken in noch weiche Schichten ein und so entstand eine ganz unregelmäßige Oberfläche mit vielen Dellen, Löchern, Furchen, Rinnen und tiefen Schluchten. Sehen kannst du die meisten von ihnen nicht, denn sie liegen heute zum Teil viele Kilometer unter der Wasseroberfläche in der Tiefsee.

VOM WELTMEER ZU DEN OZEANEN

Die Ozeane, wie du sie kennst, entstanden zusammen mit den heutigen Kontinenten. Diese waren zuerst in einem riesigen einzigen Kontinent vereinigt. Er wird Pangäa genannt. Diesen Urkontinent umspülte das Weltmeer Panthalassa. Als Pangäa in einen Nord- und Südkontinent zerbrach und diese zwei Bruchstücke in weitere Teile zerfielen und auseinanderdrifteten, bildeten sich mehrere Ozeanbecken. Jedes von ihnen bekam einen eigenen Namen.

OZEAN ODER MEER?

Der Name Ozean bezeichnet eine große, zusammenhängende Wasserfläche, die auch Weltmeer genannt wird. Ozeane sind die größten Meere der Erde. Meere sind kleiner als Ozeane und umgeben die Kontinente.

🛟 DIE OZEANE DER WELT

Auf der Erde gibt es insgesamt fünf Ozeane: den Pazifischen Ozean (Pazifik), den Atlantischen Ozean (Atlantik), den Indischen Ozean sowie den Arktischen und Antarktischen Ozean. Der Pazifik ist der größte und zugleich tiefste unter ihnen. Selbst der höchste Berg der Welt, der 8848 Meter hohe Mount Everest, würde in ihm vollständig versinken und hätte noch mehr als zwei Kilometer Luft nach oben. Mehr als die Hälfte des Weltwassers ist im Pazifik gespeichert.

MEHR MEERE

Auch heute können noch Meere entstehen, denn die Kontinente driften weiterhin auseinander. Zu beobachten ist das zum Beispiel im Osten Afrikas. Wenn dort in einigen Millionen Jahren die Somaliaplatte abbricht, entsteht dort auch ein neues Meer.

🛟 MEERE DER WELT

Neben den Ozeanen gibt es um die 80 Meere. Wissenschaftler bezeichnen sie als Neben- oder Randmeere, wenn sie zum Beispiel durch Inselketten vom Hauptmeer getrennt sind oder sich am Rand von Kontinenten befinden. Einige Meere, wie Nord- und Ostsee oder das Mittelmeer, kennst du sicher.

WASSER

DIE FORMEL DES WASSERS

Wasser besteht wie alles andere auf der Welt aus kleinen Bausteinen, die Moleküle genannt werden. Die Zusammensetzung der Moleküle lässt sich in einer Formel darstellen. Wasser hat die Formel H_2O. Es besteht aus zwei Wasserstoffatomen (H) und einem Sauerstoffatom (O).

WAS IST WASSER?

Wasser kennt jeder. Es ist nass, fließt in Flüssen und aus dem Wasserhahn oder regnet aus den Wolken auf dich herab. An Wasser ist doch nichts Besonderes, denkst du vielleicht. Bei genauerer Betrachtung ist Wasser aber gar nicht mehr so gewöhnlich, denn es verhält sich ganz anders als andere Stoffe in der Natur. Es dehnt sich zum Beispiel nicht nur bei Hitze aus, sondern auch bei Kälte und es kann seinen Zustand von flüssig in fest bis hin zu gasförmig verändern.

SÜSS ODER SALZIG

Wenn du dich beim Baden im Meer schon einmal verschluckt hast, weißt du, dass Meerwasser salzig schmeckt. Das Wasser aus einem Bergbach oder aus der Leitung schmeckt nicht nach Salz und wird deshalb Süßwasser genannt.

WIE KOMMT DAS SALZ INS MEER?

Ein Teil des Salzes wird durch die Flüsse transportiert, die alle ins Meer münden. Auch im Flusswasser ist nämlich Salz enthalten, allerdings in so kleinen Mengen, dass du es nicht schmeckst. Der weitaus größte Teil wird aus Gesteinen gelöst oder gelangt über unterseeische Vulkane in das Wasser. Wenn ein Teil des Wassers durch Sonneneinstrahlung verdunstet, bleibt das Salz zurück. So kommt es, dass die Meere immer salziger werden.

VON DER OSTSEE BIS ZUM TOTEN MEER

Wenn du von allen Meeren dieser Erde eine winzige Kostprobe nehmen würdest, fiele dir auf, dass deren Wasser ganz unterschiedlich salzig ist. Die Ostsee ist zum Beispiel mit 0,4 bis 2 Prozent Salzanteil ein schwach salziges Meer, das Tote Meer (heißt zwar so, ist aber kein Meer, sondern ein riesiger See) mit 28 bis 32 Prozent extrem versalzen. Durchschnittlich liegt der Salzgehalt der Ozeane bei circa 3,5 Prozent. Das sind 35 Gramm Salz auf ein Kilogramm Wasser.

PROBIERE ES AUS!

Löse drei Teelöffel Salz in einer Tasse Wasser. Stelle die Tasse an eine sonnige Stelle und warte ein paar Tage, bis das Wasser vollständig verdunstet ist. Was siehst du?

WASSER

Gletscher

WASSERZAHLEN

97 Prozent aller Wasservorkommen bestehen aus Salzwasser. Von den verbleibenden 3 Prozent Süßwasser sind nur 0,5 Prozent als Trinkwasser verfügbar. Der Rest ist in Form von Eis und Gletschern gebunden. 80 Prozent aller Süßwasserreserven liegen in der Antarktis.

WIE WARM IST DAS MEER?

Neben dem Salzgehalt unterscheiden sich Meere auch anhand ihrer Wassertemperatur. In Nähe des Äquators ist das Wasser immer um die 25 Grad warm, ideal zum Baden. In die Arktischen Meere würdest du dagegen kaum deinen Zeh stecken wollen, so kalt ist es dort. Bis zu minus 1,8 Grad Celsius kann das Thermometer dort anzeigen, denn erst ab dieser Temperatur beginnt das Meerwasser zu frieren.

TIEF ODER FLACH?

Neben der Lage des Meeres entscheidet auch die Meerestiefe darüber, wie warm das Wasser ist. An der Wasseroberfläche ist es am wärmsten. Danach sinkt die Temperatur mit zunehmender Tiefe stark ab, bevor sie sich dann bei circa vier bis zwei Grad einpendelt. Im Schnitt sind die Ozeane und Meere ungefähr 3,5 Grad Celsius kalt.

🛟 WASSER IN BEWEGUNG

Meistens ist das Meer bewegt und Wellen rollen über die Wasseroberfläche, bis sie auf die Küste treffen. Die Wasserhügel entstehen, wenn der Wind über das Wasser streicht. Ist die Wasserfläche sehr groß und der Wind sehr stark, können sich die Wellen bis auf Hochhaushöhe auftürmen. Wellen bilden sich aber auch, wenn unter Wasser ein Vulkan ausbricht oder ein heftiges Erdbeben stattfindet. Und noch ein Phänomen sorgt für Bewegung: die Gezeiten.

🛟 EBBE UND FLUT

Warst du schon einmal an der Nordsee? Dann hast du dich vielleicht darüber gewundert, dass das Wasser mal bis hoch auf den Strand läuft und sich dann wieder weit zurückzieht. Zweimal am Tag gibt es Hochwasser (Flut) und Niedrigwasser (Ebbe). Die Gezeiten entstehen durch die Anziehungskraft des Mondes und der Sonne.

ZENTIMETER ODER METER?

Alle Meere haben Gezeiten, doch sie fallen nicht überall gleich stark auf. An der Ostsee steigt und fällt das Wasser nur wenige Zentimeter, an anderen Küsten liegen zwischen Ebbe und Flut mehr als zehn Zentimeter Unterschied.

Ebbe

STRAND UND KÜSTE

ALLE KÜSTEN DIESER WELT

Jeder Kontinent und jede Insel ist von Meer umgeben. Den Bereich, in dem Wasser auf Land trifft, nennt man Küste. Wenn du mit dem Finger auf einem Globus jede Küste abfahren würdest, hättest du eine Weile zu tun, denn es gibt sehr viele Küsten. Sie alle zusammen sind 504.000 Kilometer lang.

KÜSTENLEBEN

Die Art der Küste entscheidet darüber, welche Arten von Tieren und Pflanzen sich dort ansiedeln. Napfschnecken brauchen zum Beispiel Steine, an denen sie sich festsaugen können, manche Vogelarten steile Klippen zum Brüten.

SCHROFFE FELSEN, SANFTE DÜNEN

Keine Küste gleicht der anderen. So ist die Wattenmeerküste an der Nordsee flach und sandig, während an den tief in das Land eingeschnittenen Fjorden Norwegens steile Felsen in die Höhe ragen. Auf den Inseln der Südsee reichen die Palmen bis dicht an den Strand, im Norden Kanadas sind es dichte Wälder und an mehreren Stellen der Welt entstehen durch Vulkanausbrüche neue Inseln und damit auch neue Küsten.

KÜSTE IN VERÄNDERUNG

Küsten verändern sich im Laufe der Zeit. Wind und Wellen, starke Brandung oder schwere Überflutungen können ganzen Landstrichen ein neues Gesicht geben. An Felsküsten donnert die Brandung unaufhörlich gegen den Stein und schleift ihn ab oder höhlt ihn aus. Je nach Härte und Zusammensetzung des Gesteins bilden sich dann bizarre Steinsäulen oder große Höhlen. Es kann besonders bei weichen Gesteinsarten wie Schiefer oder Kalkstein zu Felsabbrüchen kommen, und je häufiger das geschieht, desto weiter verlagert sich die Küste ins Landesinnere.

KÜSTENWACHSTUM

Nicht an allen Küsten geht Land verloren, an manchen entsteht es auch. Das kannst du zum Beispiel auf Amrum oder auf Hiddensee beobachten, wo durch günstige Meeresströmungen Sand angelagert wird. Aus einem schmalen Sandstreifen bildet sich so im Laufe der Jahre neues Land.

PROBIERE ES AUS!

Baue am Strand in Nähe der Wasserkante eine Sandburg. Beobachte, was passiert, wenn Wellen und Flut an deiner Burg nagen. Wie lange kann sie dem Wasser standhalten?

STRAND UND KÜSTE

Deich

Seepocken

🛟 KÜSTEN SICHERN

Die meisten Küsten sind besiedelt. Häuser stehen nahe am Ufer, an den Hängen oder auf dem Hochufer. Das soll nach dem Willen der Menschen, die dort wohnen, auch so bleiben und deshalb sichern sie die Küste vor Abbrüchen und Landverlusten. Ohne diese Schutzmaßnahmen (Wellenbrecher, Buhnen, Deiche) würde sich das Meer das Land samt Behausungen holen.

SEEPOCKEN

Sie sehen aus wie kleine Kalkhügelchen oder Versteinerungen. Tatsächlich sind Seepocken aber kleine Krebse.

🛟 KÜSTENZONEN

An Stränden, an denen die Gezeitenunterschiede groß sind, kannst du leicht feststellen, wie hoch die Flut aufgelaufen war. Dort, am sogenannten Spülsaum, liegen die angeschwemmten Muscheln, Seegras, Algen und leider auch oft Müll. Oberhalb dieses Saums liegt die Spritzwasserzone, in der es selten richtig nass ist, aber feucht von Gischt sein kann. Einige Algen, Pilze und Meeresschnecken fühlen sich dort wohl. Unterhalb des Saums befindet sich die Gezeitenzone. Sie ist im Wechsel überschwemmt und fällt dann wieder trocken. Sie ist zum Beispiel von Seepocken und Braunalgen besiedelt.

VOM STEIN ZUM STRAND

Hast du dich schon mal gefragt, wie der Sand an den Strand gelangt? Er wird zusammen mit den Wellen ans Ufer gespült. Ist die Brandung sehr stark, wirft sie auch kleinere Steine mit an Land. Auch der Sand war vor langer Zeit ein Stein, den das Meer so lange zermahlen hat, bis nur noch kleine Körnchen übrig blieben. Die Kraft des Wassers, genügend Reibung und Zeit machen selbst aus einem Felsbrocken irgendwann ein Sandkorn.

STRAND

An den Strand geht jedes Kind gerne. Du sicher auch, oder? Aber was ist eigentlich Strand? Bezeichnet wird damit ein schmaler Uferbereich, der an einen Fluss oder an das Meer grenzt. Er kann nur wenige Meter, aber auch mehrere Kilometer breit sein. Am schönsten ist er, wenn er aus feinem Sand besteht. Es gibt aber auch Strände aus Steinen.

DIE FARBE DES SANDES

Sandstrand kann alle möglichen Farben haben. Er ist weiß, wenn er aus zerriebenen Muschelschalen besteht, schwarz, wenn das Gestein vulkanischen Ursprung ist.

Schwarzer Strand auf Teneriffa

STRAND UND KÜSTE

ZONEN DES OZEANS

◉ WARM ODER KALT, HELL ODER DUNKEL?

Kennst du das? Du badest in einem See, lässt die Füße so weit wie möglich nach unten hängen und stellst fest, dass das Wasser an den Fußspitzen kälter ist als an der Oberfläche. Oder du tauchst. Dann kannst du dicht unter der Wasseroberfläche noch viel erkennen, ein Stückchen tiefer aber schon viel weniger. Ganz ähnlich ist es im Meer. Auch dort wird es je tiefer man kommt immer kälter und dunkler.

◉ SCHICHT FÜR SCHICHT

Ähnlich wie bei einer Torte sind die Ozeane und Meere in verschiedene horizontale (waagerechte) Schichten eingeteilt. Jede dieser Zonen hat Merkmale, die typisch für sie sind. Dazu zählen eine bestimmte Wassertemperatur, die Helligkeit und der Wasserdruck. Auch die Meeresbewohner bevorzugen je nach Art eine bestimmte Zone. Sie sind diesem Lebensraum angepasst und können dort überleben.

Sonnenlichtzone

Dämmerungszone

Tiefsee-Ebene

Mitternachtszone

IN DER SONNENLICHTZONE

Von der Wasseroberfläche bis in 200 Meter Tiefe reicht die Sonnenlichtzone. Sie wird auch Oberflächenzone genannt und manchmal noch weiter unterteilt. In diesem Fall gibt es noch eine Neustonschicht (von der Wasseroberfläche bis in ein Meter Tiefe), eine lichtdurchflutete Zone, die bis auf 50 Meter hinabreicht und schließlich die untere lichtdurchflutete Zone mit einer Tiefe bis 200 Meter.

SO WEIT DIE STRAHLEN REICHEN

Sonnenlicht kann bis zu 200 Meter tief in das Wasser eindringen. Das ist eine ganz schöne Strecke, wenn du bedenkst, dass du in manchen Seen schon deine eigenen Füße nicht sehen kannst, obwohl du nur bis zur Brust im Wasser stehst. Ganz dunkel ist es an deinen Zehenspitzen aber noch längst nicht. Das kannst du testen, indem du zum Boden tauchst und von dort nach oben blickst.

ZONEN DES OZEANS

Küste

Kontinentalschelf

Kontinentalhang

NEUSTONSCHICHT

Der Name dieser Meeresschicht stammt aus dem Griechischen. Neuston bedeutet „das Schwimmende". Der Name beschreibt die Organismen, die in der dünnen Schicht direkt unter der Wasseroberfläche leben.

WASSERDRUCK

Je tiefer du tauchst, desto größer ist der Druck, der auf dich wirkt. Diesen Druck kann man messen. Er wird mit der physikalischen Einheit „Bar" beschrieben.

🛟 PLANKTON

Die Sonnenlichtzone ist reich an Plankton. Es kann aus Pflanzen (Phytoplankton) oder aus Tieren (Zooplankton) bestehen, die sich mit der Strömung treiben lassen. Gegen den Strom schwimmen können die Organismen nicht. Sie sind in der Regel so klein, dass du sie mit bloßem Auge nicht oder nur schwer sehen kannst. Obwohl Plankton nicht groß ist, spielt es eine bedeutende Rolle für die Ernährung der Meeresbewohner. Viele Fische, Krebse, aber auch so gigantische Tiere wie der Blauwal ernähren sich davon.

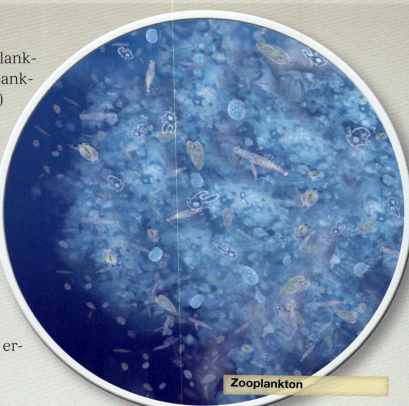

Zooplankton

⚠ ZUM FUTTERN NACH OBEN

Plankton enthält viele Nährstoffe und steht deshalb auf der Speisekarte vieler Tiere. Sie gehen dafür sogar das Risiko ein, aus tieferen Meeresschichten bis dicht unter die Wasseroberfläche zu schwimmen. Damit sie dort nicht selbst zur Beute werden, warten sie die Nacht ab.

🛟 DIE DÄMMERUNGSZONE

Ab 200 bis 1000 Metern reicht die Dämmerungszone. Hier gibt es kaum noch Licht und die Wassertemperatur erreicht nur noch maximal 15 Grad Celsius. Auch der Druck ist mit 21 bis 101 Bar in dieser Tiefe so hoch, dass Menschen dort ohne Unterwasserfahrzeuge nicht überleben können.

DURCHSICHTIG UND GROSSÄUGIG

Tiere, die in der Dämmerzone leben, haben häufig große Augen. Mit ihnen versuchen sie, das letzte bisschen Licht einzufangen. Aus dem gleichen Grund haben einige Fische Augen, die nach oben gerichtet sind. Viele Arten würdest du aber gar nicht erst entdecken, denn sie sind durchsichtig. Das macht sie so gut wie unsichtbar und schützt sie prima vor Feinden.

ZAPPENDUSTER

In der Mitternachts- oder Tiefseezone würdest du die Hand vor Augen nicht mehr sehen, denn Licht gibt es so tief im Meer nicht mehr. Kalt ist es außerdem. Das Wasser bringt es höchstens auf vier Grad Celsius. Das ist kälter als die Limo, die du aus dem Kühlschrank holst. Nur wenigen Menschen ist es bisher gelungen, so tief in den Ozean vorzudringen.

UNBEKANNTER ALS DER MOND

Die Tiefsee ist weniger erforscht als der Mond. Bis zur tiefsten Stelle der Ozeane, dem mehr als elf Kilometer tiefen Marianengraben, sind bisher nur zwei Menschen vorgedrungen. Wissenschaftler gehen deshalb davon aus, dass es in der Tiefsee nur so von unbekannten Arten wimmelt.

MEERE DIESER WELT

⊙ PAZIFISCHER OZEAN

Der Pazifik ist der größte Ozean der Welt. Er nimmt fast ein Drittel der gesamten Erdoberfläche ein. Ganz genau sind es 32,67 Prozent. Die tiefste Stelle der Erde heißt „Witjastief 1" und liegt im Marianengraben östlich von den Philippinen. 11.034 Meter geht es dort hinunter. Das ist fast dreimal so tief wie die durchschnittliche Meerestiefe. Sie liegt bei „nur" 3800 Metern.

ZÄHL MAL!

Schau im Atlas oder auf dem Globus nach, wo der Pazifik liegt. Findest du alle Länder, die an diesem Ozean liegen? Kleiner Tipp: Es sind mehr als 40 und unter ihnen sind viele Inselstaaten.

⊙ UNTERWASSERGEBIRGE

Der Meeresboden im Pazifik ist nicht so eben, wie du es vielleicht von der Ost- oder Nordsee her kennst. Viele tiefe Rinnen durchziehen den Meeresgrund und lange Gebirgsrücken erheben sich vom Boden aus. Einige dieser Rinnen sind mit aktiven Vulkanen verbunden. Sie sind Teil des Pazifischen Feuerrings, der den Ozean von drei Seiten umgibt. In diesem Gebiet kommt es häufig zu Ausbrüchen und Erdbeben.

Unterwassergebirge

ATLANTISCHER OZEAN

Zweitgrößter Ozean der Welt ist der Atlantik, der ungefähr 16 Prozent der Erdoberfläche einnimmt. Auf der Karte findest du ihn zwischen der Arktis im Norden, Europa und Afrika im Osten, der Antarktis im Süden und Nord- und Südamerika im Westen. Auch im Atlantik gibt es viele tiefe Bereiche. Am tiefsten ist es mit 9219 Metern unter dem Meeresspiegel im Milwaukeetief. Dieser liegt im Puerto-Rico-Graben, der sich östlich von der gleichnamigen Insel befindet.

ATLANTISCHE RANDMEERE

Wie alle Ozeane hat der Atlantik mehrere Randmeere. Einige von ihnen kennst du wahrscheinlich aus dem Unterricht oder du warst selbst schon einmal da. Es sind die Nord- und die Ostsee (als Binnenmeer), das Europäische Mittelmeer, das Norwegische Meer (Europäisches Nordmeer) und der Ärmelkanal.

INSELN IM ATLANTIK

Grönland, Island, die größte Vulkaninsel der Welt, die Britischen und die Kanarischen Inseln, aber auch die zu Portugal gehörenden Azoren und Madeira liegen im Atlantik.

Blick auf den Atlantik

MEERE DIESER WELT

🛟 INDISCHER OZEAN

Nach Pazifik und Atlantik ist der Indische Ozean das drittgrößte Weltmeer. Seine Fläche nimmt ungefähr 14,7 Prozent der Erdoberfläche ein. Wie bei den anderen Ozeanen gibt es eine Kurzform seines Namens. Allerdings wird sie selten benutzt, oder hast du schon einmal jemanden vom Indik reden hören? Auf der Karte findest du ihn zwischen dem afrikanischen, asiatischen und australischen Kontinent zum größten Teil auf der Südhalbkugel.

🛟 ARKTISCHE OZEANE

Zwei weitere Weltmeere sind der Antarktische und der Arktische Ozean. Sie werden auch das Süd- und Nordpolarmeer genannt und anhand dieser Namen hast du wahrscheinlich schon eine Vorstellung, wo du sie auf dem Globus findest. Beide Ozeane sind unwirtliche Gegenden mit eisigen Temperaturen und starken Winden, die über die kahlen Flächen fegen.

WICHTIGE NEBENMEERE UND INSELN

Zu den bedeutendsten Nebenmeeren des Indischen Ozeans zählen das Rote Meer und der Persische Golf. Vielleicht hast du auch schon einmal von Madagaskar, Sumatra oder Java gehört? Sie sind die größten Inseln im Indik.

🛟 LAND ODER WASSER?

Wenn du von oben auf einen Globus schaust, siehst du dort den Nordpol und den arktischen Ozean. Er grenzt an die Kontinente Asien, Europa und Nordamerika an. Schaust du dir die Welt von unten an, aus Richtung Südpol, siehst du Land (Antarktika). Diese Landmasse ist vom Südpolarmeer umgeben. Eis bildet sich aufgrund der niedrigen Temperaturen auf beiden Polarmeeren reichlich. In der Antarktis schieben sich die Eismassen bis auf den Ozean hinaus. Gewaltige Eisberge brechen von dem meterdicken Eis ab und treiben ins Meer hinaus.

Antarktika

WER GEHÖRT DAZU?

Das Nordpolarmeer ist der kleinste aller Ozeane. Für einige Geografen ist er aber gar kein eigenständiger Ozean, sondern „nur" ein Nebenmeer des Atlantiks.

🛟 WENIGER EIS, MEHR GELD

Einige Länder versprechen sich gute Geschäfte, wenn das Eis in der Arktis durch die Klimaerwärmung weiter schmilzt. Neue, kürzere Routen werden dadurch mit dem Schiff befahrbar und Bodenschätze können leichter ausgebeutet werden.

MEERE DIESER WELT

27

WUNDER DES MEERES

In den Meeren leben riesige, giftige, gigantische, schnelle und wanderlustige Tiere, die erstaunliche Strecken zurücklegen. Es kann gewaltige Stürme geben und große Unterschiede zwischen Ebbe und Flut. Hier sind die Rekorde:

◉ VERHEERENDE STÜRME

Über dem Meer bilden sich Tropische Wirbelstürme. Sie heißen Hurrikan, Taifun oder Zyklon, je nachdem, in welcher Region sie auftreten. Ihre Wirkung ist trotz Vorhersage oft zerstörerisch. Flutwellen sowie umstürzende Häuser und Bäume sind keine Seltenheit und auch Menschen können durch die Stürme umkommen.

DAS MEER

BERGE UND RIFFE

Wusstest du, dass sich die längste Bergkette der Welt unter Wasser befindet? Es ist der Mittelatlantische Rücken, der sich auf einer Länge von 20.000 Kilometern von Island bis in die Antarktis erstreckt. Das größte Korallenriff, das Great Barrier Reef, liegt vor der Nordostküste Australiens. Es ist mehr als 2300 Kilometer lang und soll sogar mit bloßem Auge aus dem Weltraum sichtbar sein. Seit 1981 gehört es zum UNESCO-Weltnaturerbe.

GIFTIGER GLIBBER

Die Portugiesische Galeere sieht aus wie eine Qualle, gehört aber zu den Seeblasen. Ihre Fangfäden, die Tentakel, sind bis zu 50 Meter lang und verfügen über ein starkes Nesselgift. Eine Begegnung mit ihr ist äußerst schmerzhaft. Tödlich kann ein Zusammenstoß mit einer Würfelqualle werden. Das Nesselgift der vor Australien lebenden Tiere führt zu Atemstillstand und Herzversagen.

MUSCHELMONSTER

Riesenmuscheln sind so groß, dass du dich ohne Weiteres in ihnen verstecken könntest. Ungefährlich wäre das jedoch nicht, denn die gigantischen Weichtiere schließen bei der Annäherung von Feinden oder veränderten Lichtverhältnissen die Schalen. Wer dann feststeckt, kommt so schnell nicht wieder frei. Das hat ihnen auch den Beinamen „Mördermuschel" eingebracht.

WUNDER DES MEERES

TÖDLICHER FISCH

Der Steinfisch ist der giftigste Fisch auf der Welt. Schon ein einziger Stich seiner Stacheln kann zum Tod führen. Das Problem: Der Fisch ist so gut getarnt, dass du ihn kaum von einem Stein unterscheiden kannst und die Stacheln sind so hart, dass sie selbst Tauchschuhe durchbohren.

Steinfisch

TIEFTAUCHER

Pottwale können bis zu 3000 Meter tief tauchen und erstaunlich lange unten bleiben. Bis zu 90 Minuten kann sich der Riesensäuger unter Wasser aufhalten, ohne Luft zu holen. Auch Kaiserpinguine sind hervorragende Taucher. 500 Meter Tiefe und eine Tauchzeit von 20 Minuten bewältigen sie scheinbar spielerisch.

GIGANTEN UND WINZLINGE

Der größte Fisch der Welt ist der Walhai. Er wird bis zu 13 Meter lang und 12 Tonnen schwer. Eine Begegnung mit dem Riesen wäre für dich höchstwahrscheinlich völlig ungefährlich, denn der Walhai frisst hauptsächlich Plankton. Zooplankton ist der kleinste Meeresbewohner. Der größte Meeressäuger ist der Blauwal. Er kann 30 Meter lang werden, 160 Tonnen wiegen (so viel wie 30 Elefanten) und pro Tag unglaubliche sieben Tonnen Krill verputzen.

Blauwal

TIDENHUB

Der größte Tidenhub (der Unterschied zwischen Ebbe und Flut) tritt in Kanada auf. In der Bay of Fundy liegen bis zu 16 Meter zwischen Hoch- und Niedrigwasser. In der Ostsee sind es gerade einmal 20 Zentimeter. Das ist so wenig, dass du den Unterschied wahrscheinlich gar nicht bemerkst.

DAS MEER

🛟 AUF WANDERSCHAFT

Manche Tiere wandern sehr weit, um ihre Futter-, Brut- und Paarungsgebiete aufzusuchen. Der Grauwal legt dabei die längste Strecke aller Wale und Säugetiere zurück. Bis zu 20.000 Kilometer wandert das Tier im Jahr. Das ist einmal um die halbe Welt. Eilig hat er es dabei nicht. Er schwimmt im Schnitt zehn Kilometer pro Stunde. Auch unter den Reptilien gibt es gute Wanderer. Lederschildkröten wandern 5000 bis 7500 Kilometer weit, um ihre Eier abzulegen.

🛟 STOLZES ALTER

Unangefochten auf Platz eins der ältesten Tiere der Welt steht ein antarktischer Riesenschwamm. *Scolymastra joubini* wächst seit mehr als 10.000 Jahren, ist aber gerade einmal zwei Meter hoch. Da wächst du schneller. Auf Platz zwei der ältesten Tiere steht eine schwarze Koralle. Sie trägt den Namen *Leipathes* und soll 4265 Jahre alt sein.

Grauwal

SCHNELLSTER SCHWIMMER

Der Fächerfisch, auch Segelfisch genannt, ist ein großer Raubfisch. Pfeilschnell fliegt er durchs Wasser und erreicht dabei Geschwindigkeiten von circa 100 Kilometern in der Stunde.

Fächerfisch

WUNDER DES MEERES

KÜSTENMEER UND SCHELFMEER

⊙ WAS IST EIN KÜSTENMEER?

Küstenmeere stellen die Verbindung zwischen Meer und Land her. Sie umgeben die Kontinente und sind im Verhältnis zur durchschnittlichen Wassertiefe in den Ozeanen flach. Auch Flussmündungen, tief ins Land reichende Buchten und das Wattenmeer zählen zum Küstenmeer. Wie weit es in den Ozean hineinragt, ist sogar gesetzlich geregelt. In den meisten Fällen gilt eine Zwölf-Meilen-Zone von der Landfläche des jeweiligen Küstenstaates aus. Innerhalb dieser Zone hat der angrenzende Staat das Sagen. „Oberhoheit" nennt man das.

⊙ MÄCHTIG LEBEN

In den flachen Küstengewässern tummelt sich das Leben. Große Fischbestände und Unterwasserwälder findest du hier. Aber auch an Land ist viel los, denn die Küsten sind fast überall auf der Welt besiedelt.

SCHMALER STREIFEN

In kleinen Meeren wie der Ostsee kann kein so breiter Küstenmeerstreifen festgelegt werden, weil sich dann die angrenzenden Staaten ins Gehege kommen würden. Hier gelten Sonderreglungen.

LEBENSRÄUME IM MEER

Ästuar des Flusses Colne

ÄSTUARE

Ästuare sind trichterförmige Meeresbuchten. In ihnen vermischt sich das Süßwasser der Flüsse mit dem Salzwasser des Meeres. In diesem speziellen Lebensraum fühlen sich Schlickbewohner wie Schnecken und Würmer und auch zahlreiche Seevögel wohl. Außerdem kommen Fische zum Laichen in die Mündungsgebiete. In tropischen Regionen wachsen ausgedehnte Mangrovenwälder, in deren Wurzeln und Ästen viele Lebewesen Unterschlupf finden.

SCHELFMEERE

An das Küstenmeer schließt sich das Schelfmeer an. Es hat eine Wassertiefe von maximal 200 Metern und endet an der Schelfkante, wo der Meeresboden steil abfällt. Wie weit sich das Schelfmeer vom Ufer aus in das Meer erstreckt, ist ganz unterschiedlich. Mal besteht es nur aus einem schmalen Streifen, es kann aber auch ein 1500 Kilometer breites Band bilden. Im Durchschnitt reicht das Schelf 70 bis 80 Kilometer weit in das Meer hinaus.

FLACHMEERE

Manche Meere sind so flach, dass sie keine Schelfkante haben. Die Nordsee mit einer durchschnittlichen Tiefe von 94 Metern und die Ostsee mit durchschnittlich 52 Metern sind reine Schelfmeere.

LEBENSRÄUME IM MEER

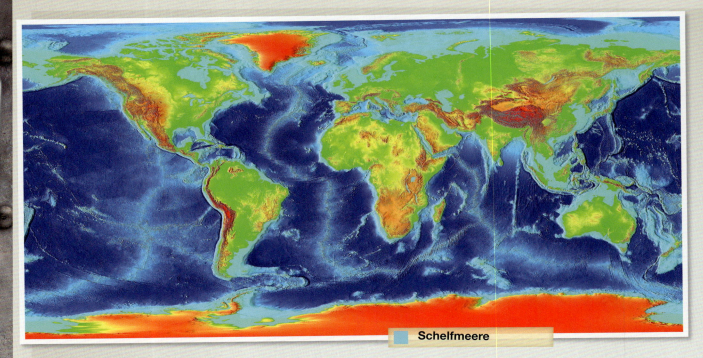

Schelfmeere

SCHELF

Der englische Begriff Schelf bedeutet Brett, Sandbank oder Riff. Du kannst dir das Schelf vorstellen wie die Verlängerung des Festlandes unter Wasser. Andere Namen sind Kontinentalschelf oder Festlandsockel. Würdest du im Schelfmeer bis auf den Boden tauchen, stündest du immer noch auf zum Festland gehörenden Grund.

FLÄCHE KLEIN, ERTRAG GROSS

Betrachtest du die Flachwasserbereiche der Weltmeere im Verhältnis zu den tiefen Bereichen, fällt dir sicher auf, dass die Schelfmeere von der Größe her gar keine so große Rolle spielen. Sie machen nur ungefähr acht Prozent aller Meere aus. Über ihre Bedeutung sagt diese Zahl aber wenig aus, denn die meisten Meerestiere und -pflanzen leben und wachsen im Bereich des Schelfs. Fast die gesamten Fischerträge der Welt stammen aus diesen Flachwasserzonen.

ARTENREICH DURCH SONNENLICHT

Voraussetzung für den Artenreichtum im Schelfmeer ist das Sonnenlicht, das bis zum Grund reichen kann. Das Phytoplankton ist dadurch in der Lage, sich zu vermehren. Phytoplankton steht am Anfang der Nahrungskette im Meer.

36

FRESSEN UND GEFRESSEN WERDEN

Hast du den Begriff Nahrungskette schon einmal gehört? Darunter versteht man eine Abfolge von Lebewesen, bei denen die einzelnen Glieder die Nahrung für das nächsthöhere Glied darstellen. Hört sich kompliziert an? In Bezug auf das Schelfmeer heißt das: Phytoplankton wird von Zooplankton gefressen. Zooplankton wird von Garnelen und kleinen Fischen verspeist. Sie wiederum sind die Nahrungsquelle für Buckelwale, Makrelen und Thunfische. Am Ende der Nahrungskette stehen schließlich große Haie und Zahnwale wie der Pottwal.

DER NAHRUNG FOLGEN

Gebiete, in denen es viel Nahrung gibt, ziehen viele hungrige Mäuler an und ihnen folgen die Räuber auf dem Fuß. So kommt es, dass sich in den Flachmeeren auch die unterschiedlichsten Haiarten tummeln. Sie finden im Küsten- und im Schelfmeer einen reich gedeckten Tisch.

RIESEN-TIER UND MINI-FUTTER

Einige der ganz großen Meeresbewohner wie der Riesenhai oder der Blauwal verkürzen die Nahrungskette und verspeisen anstelle großer Fische gleich das kleine Plankton. Davon fressen sie dann aber Tonnen.

Riesenhai

SANDKÜSTE UND FELSKÜSTE

🛟 STRANDLEBEN

Kennst du Tiere und Pflanzen, die an der Sandküste zu Hause sind? Möwen können dir dort begegnen und andere Strandvögel wie der Regenpfeifer. Muscheln liegen ebenso im Sand wie Krebsschalen und Schneckengehäuse und zeugen von den Tieren, die eher im Verborgenen unterwegs sind. In den Dünen wachsen Gräser und Stranddisteln. Typisch sind auch Meersenf und Quecken.

🛟 MEHR ALS SAND

Auch wenn dir der Strand mit seinen großen Sandflächen öde erscheint, ist er doch der Lebensraum vieler Pflanzen und Tiere. Kleine Insekten huschen umher, und wenn du mit dem Spaten tief im Sand gräbst, kannst du auf verschiedene Muschelarten wie Sandklaffmuscheln oder Elefantenrüsselmuscheln stoßen. Sie sind an diesen nicht ganz einfachen Lebensraum angepasst.

Kegelrobben

SANDKÜSTE UND FELSKÜSTE

STRANDZONEN

Die Sandküste wird in mehrere Zonen eingeteilt. Auf die Brandungszone folgen die Gezeitenzonen. Die untere Gezeitenzone liegt immer im Wasser, die obere fällt bei Ebbe trocken. Daran schließt sich der obere Strand an, das ist der Bereich, in dem Dünen entstehen.

NASS ODER TROCKEN?

Jede Tier- und Pflanzenart an der Sandküste hat ihren bevorzugten Bereich. Gemeinsam ist ihnen, dass sie gut mit Salz zurechtkommen. In den Gezeitenzonen suchen Vögel im flachen Wasser und den überspülten Strandabschnitten nach Nahrung. Algen und Seemoos sind dort ebenso zu finden wie kleine Krebse und Weichtiere, die eine Zeit lang ohne Wasser auskommen. An ruhigen Stränden ruhen sich Seehunde und Kegelrobben aus. Tangfliegen, Salzkäfer und Wildkaninchen bleiben lieber im Trockenen.

FELSKÜSTE

Die Felsenküste ist kein gemütlicher Lebensraum. Besonders hart ist das Leben in der Gezeitenzone. Mit der Flut kommen die Wellen und schlagen ohne Unterlass und mit gewaltiger Kraft auf den Stein ein. Wer hier überleben will, muss sich nicht nur gut festklammern, sondern auch noch mit wechselndem Salzgehalt und unterschiedlichen Temperaturen zurechtkommen. Sinkt der Wasserspiegel, liegen Felsabschnitte frei. In ihren Mulden verdunstet das Wasser und dadurch steigt der Salzgehalt manchmal bis auf das Dreifache des Meereswassers. Durch die Sonneneinstrahlung erwärmt sich auch das Wasser.

LEBENSRÄUME IM MEER

Napfschnecken

🛟 KLAMMERKÜNSTLER

Seepocken und Napfschnecken kommen gut mit diesen schwierigen Bedingungen zurecht. Sie produzieren eine Art Superkleber, der sie sicher am Stein hält, und sie können Wasser speichern, um die trockene Zeit bei Ebbe zu überbrücken. Seepocken hast du vielleicht schon einmal gesehen. Sie haften an Steinen, Hölzern und Muscheln und sehen aus wie kleine Kalkhütchen. Sie sind aber kleine Krebse, die bei Ebbe die Kalkdeckel verschließen und bei Flut öffnen, um Nahrung zu angeln.

🛟 SAUGFÜSSE UND HAFTSCHEIBEN

Viele andere Tier- und Pflanzenarten haben sich ebenfalls an ein Leben an der Felsküste angepasst. Seeigel benutzen Saugfüße, um sich im Wassersog zu halten. Braunalgen haben wurzelähnliche Haftscheiben, die dafür sorgen, dass sie von den Wellen nicht fortgerissen werden.

NESTER IN NISCHEN

Felsküsten sind beliebte Brutgebiete. In luftiger Höhe fühlen sich beispielsweise Trottellummen, Basstölpel, Eissturmvogel und Dreizehenmöwe sicher vor Feinden. Häufig finden sich die Vögel zu großen Kolonien zusammen.

40

⊙ GEZEITENTÜMPEL

Gezeitentümpel oder Felstümpel stellen eine Besonderheit der Felsküsten dar. Sie entstehen, wenn in Mulden, Löchern und Höhlen im Gestein bei Ebbe Meerwasser zurückbleibt. Diese Tümpel stecken voller Leben. Kleine Fische, Krebse, Seeanemonen und Seesterne kannst du in ihnen entdecken. Manche dieser „Wasserlöcher" sind so tief, dass sich an ihrem Grund Sand sammelt. Hier findest du vielleicht Garnelen, die sich zum Schutz vor ihren Feinden dort eingraben.

⊙ UNTERWASSERWALD

Auch unterhalb der Wasserlinie herrscht an Felsküsten reger Betrieb. Dies gilt besonders, wenn dort ein Wald aus Kelp (Seetang) wächst. Kelp ist eine Braunalge, die Sonne benötigt, um zu gedeihen. Die Tangstängel wachsen bis zu 60 Meter in die Höhe. In den ausgedehnten Kelpwäldern tummeln sich Steinfische, Riffbarsche, Hummer, Grünlinge und Seeotter, die dort nach Seeigeln Ausschau halten.

Gezeitentümpel

KELP KNABBERN

Nicht nur Schnecken wie der Seehase schätzen die Algen als Nahrung. Sie sind auch bei Menschen beliebt und werden für Sushi, Salat oder Suppen verwendet.

Seetangwald

WATTENMEER

⊙ WATTENMEER NORDSEE

Das Wattenmeer in der Nordsee ist das größte der Welt. Nirgendwo sonst auf der Erde findest du solch eine große zusammenhängende Wattlandschaft wie zwischen Den Helder in den Niederlanden und Esbjerg in Dänemark. Mittendrin liegt der zu Deutschland gehörende Teil des Wattenmeers mit seinen Inseln und Halligen.

⊙ WAS IST WATT?

Stell dir eine Landschaft vor, die zweimal am Tag von der Flut überspült wird und ebenso oft wieder trockenfällt. Der Meeresboden besteht aus Sand und Schlick, durch den sich Wasserrinnen, die Priele, ziehen. Zum Watt zählen außerdem die Inseln mit den Dünen und die Salzwiesen.

HALLIGEN

Halligen gibt es nur in Schleswig-Holstein. Es sind sehr kleine Inseln vor der Küste Nordfrieslands. Sie liegen nur wenige Meter über dem Meeresspiegel und können bei Sturmfluten überspült werden. Dann herrscht „Land unter". Auf den bewohnten Halligen leben die Menschen deshalb in Häusern, die auf Hügeln, den sogenannten Warften, stehen.

LEBENSRÄUME IM MEER

⊙ DIE ENTSTEHUNG EINES WATTS

Ein Watt kann sich nur dort bilden, wo die Küsten flach und geschützt sind oder Flüsse ins Meer münden. In diesen Gebieten werden mit den Gezeiten Sand und Schlick angeschwemmt, die im Laufe der Zeit einen weichen Boden bilden. Er ist von unzähligen Wasserrinnen durchzogen, die sich zu größeren Prielen vereinen. Sie laufen bei Flut zuerst voll und sind auch bei Ebbe noch oft mit Wasser gefüllt.

GESCHÜTZTE NATUR

Weil die Landschaft des Wattenmeeres etwas ganz besonderes und ein wichtiger Lebensraum für Tier- und Pflanzenarten ist, steht es unter Schutz. Der Nationalpark Schleswig-Holsteinisches Wattenmeer wurde 1985 gegründet. Er ist der größte Nationalpark Deutschlands. 2009 wurde darüber hinaus das gesamte Wattenmeer der Nordsee als UNESCO–Weltnaturerbe anerkannt.

⊙ SPAZIERGANG AUF DEM MEERESBODEN

Bei Ebbe kannst du hinaus ins Watt laufen und auf dem Meeresboden spazieren gehen. Gehe aber nie alleine! Das kann sehr gefährlich sein, weil das Wasser bei Flut schnell aufläuft und dir den Weg zum Land abschneiden kann.

LEBENSRÄUME IM MEER

Salzwiese

SALZWIESEN

Salzwiesen liegen am Rand des Watts auf der Festlandseite. Immer wieder werden sie vom Salzwasser überspült. Die meisten Pflanzen vertragen jedoch kein Salzwasser und würden im Überflutungsbereich absterben. Nicht so der Queller, das Dänische Löffelkraut, Melden und Strandastern. Sie haben wie die anderen Salzwiesenpflanzen besondere Tricks, um mit dem Salz zurechtzukommen.

LEBENDIGER WATTBODEN

Auf den ersten Blick findest du den Wattboden vielleicht nicht sonderlich spannend. Dabei leben in einem Quadratmeter Wattboden schon bis zu 100.000 Wattschnecken. Außerdem findest du dort Wattwürmer, Muscheln und Krebstiere. Auf dem Boden leben darüber hinaus Millionen von winzigen Einzellern, die Kieselalgen. Sie sind für die Ernährung vieler Watt-Tiere lebensnotwendig.

Strandkrabbe

SALZ ABBAUEN

Einige Pflanzen wie das Milchkraut können Salz regelrecht ausschwitzen. Dann siehst du auf ihren Blättern kleine Kristalle. Andere werfen die versalzenen Blätter einfach ab und bilden stattdessen neue.

> **PROBIERE ES AUS!**
>
> *Grabe mit einer Schaufel im Watt. Welche Tiere findest du im ausgehobenen Sand? Wo sich der Wattwurm versteckt, erkennst du an den Kothäufchen (sie bestehen hauptsächlich aus Sand), die wie Spaghetti aussehen. Einige Zentimeter davon entfernt findest du eine trichterförmige Öffnung. Gräbst du in dem Bereich dazwischen, stößt du auf den Wurm.*

Wattwurm

VOGELPARADIES

Für Vögel ist das Watt ein Schlaraffenland. Bei Ebbe machen sie sich über Borstenwürmer, Muscheln, Krebse und Wattschnecken her. Einige von ihnen wie der Säbelschnäbler haben stark gebogene Schnäbel, mit denen sie leicht an die im Sand versteckte Beute kommen. Viele Zugvögel wie der Knutt oder der Alpenstrandläufer rasten vor ihrer Weiterreise im Watt. Riesige Vogelschwärme kannst du dann beobachten.

KINDERSTUBE

Seehunde kommen zur Geburt ins Watt. Einige Fischarten wie Scholle und Hering nutzen das Watt zum Laichen. Es gibt aber auch Fische, die das ganze Jahr über im Watt leben. Sie halten sich bei Ebbe in den Prielen auf oder graben sich im Sand ein.

Zugvögel vor der Abreise

LEBENSRÄUME IM MEER

46

KORALLENRIFF

🛟 PFLANZE ODER TIER?

Sieh dir ein Bild von einer Koralle an. Was denkst du: Ist das ein Tier oder eine Pflanze? Viele Menschen tippen zuerst auf die Pflanze, denn Korallen sehen ein bisschen aus wie exotische Blumen. Und tatsächlich hielt man Korallen lange Zeit für Pflanzen. Stimmt aber gar nicht! Korallen sind Tiere. Sie haben einen Mund und einen Magen, können also Nahrung aufnehmen und verdauen.

🛟 GEWEIH ODER HIRN?

Korallen können die merkwürdigsten Formen annehmen. Einige sehen aus wie das Geweih eines Elches, andere ähneln einem Labyrinth oder Gehirn. Oft leuchten Korallen in den prächtigsten Farben und deshalb sind sie ein beliebtes Ziel für Taucher und Schnorchler.

🛟 WEICH- UND STEINKORALLEN

Es gibt über 4800 Korallenarten. Sie werden in Weichkorallen und Steinkorallen unterschieden. Die Polypen beider Gruppen kommen einzeln und in großen Kolonien vor, filtern mit ihren Tentakeln Nährstoffe aus dem Wasser, aber nur die Steinkorallen haben ein hartes Außenskelett aus Kalk. Das kannst du dir wie eine Art Rüstung für das sonst weiche Tier vorstellen. Steinkorallen können Riffe bilden.

🛟 EIN KORALLENRIFF ENTSTEHT

Steinkorallen sind mit ihrem Kalkskelett fest am Untergrund verankert. Sterben sie ab, bleiben die Kalkhüllen stehen. Auf ihnen siedeln sich umgehend neue Polypen an. So entsteht im Laufe von Jahrhunderten und Jahrtausenden ein Korallenriff, das sich beständig erweitert.

STECKBRIEF

Korallen zählen zu den festsitzenden (sessilen) Nesseltieren, der Unterabteilung Hohltiere und der Klasse der Blumentiere. Sie sind in fast allen Ozeanen der Welt zu Hause und kommen in kaltem und warmem Wasser unterschiedlicher Tiefen vor. Sie ernähren sich von Plankton, kleinen Fischen und Krebsen.

LEBENSRÄUME IM MEER

🔴 WARMWASSERKORALLEN

Die prächtigsten und bekanntesten Korallenriffe findest du in tropischen Gewässern. Warmwasserkorallen benötigen Wassertemperaturen von ungefähr 20 Grad Celsius, sehr sauberes und klares Wasser sowie einen Salzgehalt zwischen zwei und vier Prozent.

🔴 GUTE BEZIEHUNG: ALGEN UND POLYP

Die Korallenstöcke in den Gewässern rund um den Äquator sind höchstens 30 Meter unter Wasser. Grund dafür ist das Sonnenlicht, das die winzig kleinen Algen benötigen, die mit den Polypen zusammenleben. Die Algen stellen für die Korallen Nährstoffe aus dem Sonnenlicht her und sorgen dafür, dass die Polypen genügend Kalk absondern können, um Riffe zu bauen. Im Gegenzug bieten die Korallen neben Nährstoffen auch Schutz vor Feinden. Solch eine Beziehung zum gegenseitigen Vorteil nennt man Symbiose.

KALTWASSERKORALLEN

Bis zum Ende des 20. Jahrhunderts glaubte man, dass Korallenriffe nur im warmen Wasser entstehen können. Inzwischen hat man aber auch Riffe in der kalten Nordsee und dem Atlantik entdeckt, die bis zu 3000 Meter tief liegen. Dorthin kämst du nur mit einem Tauchboot.

🛟 RIFFBEWOHNER

In einem Korallenriff leben so viele Arten wie sonst nur noch im Regenwald. Ein Drittel aller Fischarten findet in ihnen Schutz und Nahrung. Darunter sind der giftige Rotfeuerfisch, Putzerfische, Barrakudas, Muränen und Zackenbarsche. Du könntest dort aber auch viele Schnecken, Seesterne und Seeigel, Schwämme, Schildkröten, Riffhaie und Seeanemonen entdecken.

🛟 KORALLENRIFFE IN GEFAHR

Korallenriffe wachsen sehr, sehr langsam. Im kalten Wasser sind es manchmal nur wenige Millimeter im Jahr. Deshalb wiegt es umso schwerer, wenn Korallen durch Taucher oder Schiffsverkehr zerstört werden. Auch der Klimawandel und die dadurch steigenden Meerestemperaturen machen den Riffen zu schaffen. Große Schäden richtet auch der Dornkronen-Seestern an, der die Korallen auffrisst.

VÖLLIG FARBLOS

Korallen kennst du bunt. Es gibt aber auch ganz weiße Exemplare. Die sogenannte Korallenbleiche entsteht, wenn die Symbiose-Algen aufgrund von zu hohen Wassertemperaturen absterben. Ohne sie kann auch die Koralle nicht überleben.

KORALLENRIFF

49

MEERESBODEN

◉ WORAUS BESTEHT DER BODEN?

Wie oberhalb des Meeresspiegels findest du auch unter der Wasseroberfläche verschiedene Böden. Im Küstenbereich kann der Untergrund feinsandig, steinig oder felsig sein. Pflanzen können dort wachsen und Tiere fest mit dem Untergrund verhaftet sein. Manchmal ist der Boden aber auch ganz schlammig und von einer dicken Schicht aus Sedimenten bedeckt.

◉ EIN BLICK AUF DEN BODEN

Wie der Meeresboden aussieht, kannst du in den meisten Fällen nicht erkennen. Eine Ausnahme bilden das Watt und die Gezeitenzonen, in denen der Boden bei Ebbe freiliegt. Auch in Flachwasserbereichen, in denen das Wasser sehr klar und noch nicht sehr tief ist, kannst du beim Schnorcheln bis auf den Grund sehen.

SEDIMENTE

Das Wort Sedimente leitet sich von den lateinischen Wörtern sedimentum und sedere ab. Sie bedeuten so viel wie „Bodensatz" beziehungsweise „sich setzen" oder „senken". Als Sediment bezeichnet man die Stoffe, die sich auf dem Meeresboden ablagern. Sie bilden eine dicke Schicht.

DER BODENSATZ DES MEERES

Mit den Flüssen, die ins Meer münden, gelangen auch Tonnen von gelöster Erde, Schlamm, Sand und Gestein ins Meer. Diese Fracht lagert sich entweder schon im Mündungsbereich der Flüsse ab oder wird weit hinaus ins Meer gespült, wo sie zu Boden sinkt. Schwere Bestandteile wie Steine und Geröll werden dabei nicht so weit verfrachtet wie leichtes Material.

DIE WEITE REISE DER LEICHTGEWICHTE

Gesteinsmaterial setzt sich überwiegend im Küstenbereich ab. Sand kann weit in die Schelfgebiete getragen werden und noch leichtere Bestandteile schaffen es bis zum Fuß des Kontinentalabhangs in die Tiefsee und sinken erst dort langsam zu Boden.

PROBIERE ES AUS!

Du brauchst ein paar unterschiedlich große Steine, Sand und ein paar leichte Blütenblätter. Lege alles zusammen auf einen festen Untergrund (gepflasterte Einfahrt, Bürgersteig). Dann nimmst du einen Eimer mit Wasser und gießt das gesamte Wasser mit Schwung gegen deinen Materialhaufen. Welche Bestandteile werden am weitesten mit fortgetragen?

Meeresboden bei Ebbe

Feuerschwamm

MEERESBODEN

51

LEBENSRÄUME IM MEER

BODEN DURCH WIND UND EIS

Neben den Flüssen bringt auch der Wind Material für den Meeresboden mit. Er bläst Wüstensand, Vulkanasche, Staub und Pflanzenbestandteile auf das Meer hinaus. Eingeschlossen in Eisbergen wird Geröll von Gletschern weite Strecken über den Ozean transportiert. Schmilzt das Eis, fallen die Steine auf den Grund.

UNTERWASSERFRIEDHOF

Ein Großteil der Sedimentschicht in der Tiefsee besteht aus den Überresten sehr kleiner Lebewesen. Sterben sie ab, sinken ihre Skelette, Schalen und Gehäuse zu Boden und lagern sich in immer neuen Schichten übereinander ab. Sie können zu einer Stärke von Hunderten und Tausenden Metern anwachsen.

FLACH ODER STEIL?

Da der Meeresboden nicht überall eben ist, sondern auch aus tiefen Rinnen, Hügeln, Vulkanen und gewaltigen Bergrücken besteht, ist auch die Sedimentschicht nicht überall gleich dick. Auf den platten Tiefsee–Ebenen sammelt sich mehr Sediment als an den steilen Hängen der Gebirge. Am Mittelozeanischen Rücken, der sich durch aufsteigendes Magma immer noch verändert, ist sie zum Beispiel sehr dünn.

Vulkangestein des Mittelatlantischen Rückens

52

⊙ LEBEN IM BODEN

In der Sedimentschicht lebt eine Reihe von Tieren (Muscheln, Würmer, Seeigel und Krebse), die sich durch den weichen Boden wühlen. Dort suchen sie nach Nahrung und sind gleichzeitig gut getarnt. Zusammen mit Bakterien sorgen die Sedimentbewohner für den Abbau der organischen Stoffe. Das kannst du dir ähnlich vorstellen wie die Arbeit der Regenwürmer im Erdreich.

⊙ DEN MEERESBODEN VERMESSEN

Schon die alten Griechen wollten wissen, wie tief das Mittelmeer ist, und versuchten, es mit einem Stein am Seil auszuloten. Heute stehen den Menschen ganz andere Möglichkeiten zur Verfügung. Je nach Wassertiefe kommen Taucher, Unterwasserfahrzeuge oder die Vermessung mit Schiffen zum Einsatz. Ein ganz neues Bild des Meeresbodens liefern Satelliten. Tausende neuer Berge und viele bisher unbekannte Tiefseerinnen wurden so entdeckt.

Seestern

KRIECHSPUREN

Wo die Tierchen unterwegs sind, lässt sich bei einigen Arten wie dem Herzseeigel anhand der Kriechspuren erkennen. Auch in der Tiefsee fand man Tierspuren. Nur das Tier, von dem sie stammen, kennen die Forscher noch nicht.

MEERESBODEN

POLARMEERE

🛟 VOM EISBREI ZUR SCHOLLE

Die Polarmeere rund um die Pole sind je nach Jahreszeit mit einer mehr oder weniger dicken Schicht Eis bedeckt. Es bildet sich zuerst aus einzelnen Kristallen, die mit zunehmender Kälte erst einen Eisbrei bilden und sich dann zu Schollen verfestigen. Sie verbinden sich zu einer Packeisschicht, aus der einzelne Schollen bizarr herausragen.

🛟 SCHELFEIS

In der Antarktis ist nicht nur das Festland mit Eis bedeckt. Gewaltige Gletscher schieben das Eis weit aufs Meer hinaus. Das kannst du dir ähnlich vorstellen wie eine lange Brücke, die ins Meer hineinragt. Das sogenannte Schelfeis wird bis zu einem Kilometer dick. Manchmal brechen am äußeren Rand große Stücke davon ab und treiben als gigantische Eisberge davon. Wegen ihrer ebenen Form nennt man sie Tafeleisberge.

ROSS-EISSCHELF

In der Antarktis gibt es eine Bucht, die komplett mit Schelfeis bedeckt ist. Sie trägt den Namen Ross-Eisschelf, nach ihrem Entdecker James Clark Ross (1800 – 1862). Es ist die größte Schelfeisfläche – fast so groß wie Frankreich.

LEBENSRÄUME IM MEER

🛟 KALT, KÄLTER, AM KÄLTESTEN

Die Polregionen sind lebensfeindliche Gegenden. Am Nordpol ist es im Durchschnitt minus 18 Grad Celsius kalt, am Südpol herrschen Temperaturen um minus 48 Grad Celsius. Der tiefste Wert, der dort je gemessen wurde, lag sogar bei minus 89,6 Grad Celsius. Während der Nordpol schon lange besiedelt ist, war die Antarktis immer unbewohnt. Nur in den Forschungsstationen leben einige Wissenschaftler auf Zeit.

🛟 TIERISCH VIEL LEBEN

Könntest du dir ein Leben in Eis und Schnee vorstellen? Wahrscheinlich nicht. Viele Tiere leben aber genau dort. Das funktioniert nur, weil sie besonders gut an diesen Lebensraum angepasst sind und zum Beispiel eine dicke Fettschicht haben, die sie vor Kälte schützt. Einige von ihnen, wie der Eisfisch, haben sogar eine Art Frostschutzmittel im Blut.

WARMES WASSER?

Bei so eisigen Temperaturen auf dem Eis könnte dir das Wasser der Polarmeere regelrecht kuschelig vorkommen. Es hat Temperaturen um den Gefrierpunkt und ist damit die meiste Zeit des Jahres erheblich wärmer als die Luft.

POLARMEERE

🛟 NORDPOLARMEER

Neben den kleinen Lebewesen wie tierischem Plankton, Krebschen (Krill) und Fischen ist der arktische Ozean die Heimat von Schlafhaien, die bis zu sechs Meter lang werden können, Grönlandwalen, Robben, Walrossen und mehreren Arten von Seevögeln wie dem Eissturmvogel. Der größte Landsäuger ist der Eisbär, der sich überwiegend auf dem Eis aufhält und von dort Jagd auf Robben macht.

EISBERGE

Nur ein Neuntel der weißen Brocken schwimmt über Wasser, die restlichen acht Neuntel liegen unter Wasser. Da Eisberge zuerst von unten wegschmelzen, werden sie häufig kopflastig und kippen um. Robben nutzen die Schollen gerne zum Ausruhen.

🛟 SÜDPOLARMEER

Wesentlich artenreicher geht es im Antarktischen Ozean zu. Das liegt an dem ständigen Austausch von Wasser. Aus der Tiefsee steigt nährstoffreiches Wasser an die Oberfläche, das Nährstoffe für Kieselalgen und Kleinstlebewesen enthält. Sie sind dann wiederum die Beute für Krill, die ihrerseits größere Tiere ernähren. Neben vielen Fischarten sind Schwertwale, Robben, Riesenkalmare, Rippenquallen und Pinguine am Südpol zu Hause.

Robbe

🛟 GEBURT IN EISIGER KÄLTE

Wer in der Kälte lebt, wird auch in der Kälte geboren. Robben bringen ihre Kinder auf dem Eis zur Welt, Eisbären im Schutz einer Schneehöhle, und bei den Kaiserpinguinen balancieren die Männchen das Ei so lange auf ihren Füßen, bis es nach zwei Monaten ausgebrütet ist. Das kostbare Ei wird dabei in einer Hautfalte versteckt und so vor dem eisigen Wind geschützt.

🛟 IN DER KOLONIE

Kaiserpinguine brüten in der Antarktis auf dem eisbedeckten Land. Sie finden sich zu großen Gruppen, den Kolonien, zusammen. Mehrere Tausend Brutpaare kann eine Kolonie umfassen. Die Gruppe bietet Schutz vor den eisigen Winterstürmen. Dann rücken alle dicht zusammen und wärmen sich gegenseitig. Jeder darf dabei mal in die warme Mitte, muss aber auch mal an den kalten Rand rücken.

Schwertwal

SCHOLLEN SCHUBSEN

Einige Tiere entwickeln Strategien, um an ihre Beute zu gelangen. Schwertwale jagen zum Beispiel zusammen. Ein Wal bringt die Eisscholle, auf der sich Robben oder Pinguine aufhalten, zum Kippen. Die anderen Wale schnappen sich die rutschende Beute.

POLARMEERE

57

LEBENSRÄUME IM MEER

TIEFSEE

SCHWARZ UND KALT

Unterhalb der Dämmerungszone beginnt die Tiefsee. Dort ist es immer Nacht. Kein Lichtstrahl dringt in Tiefen unterhalb von 1000 Metern vor. Das Wasser ist sehr kalt und es herrscht ein enormer Druck. Trotzdem leben in dieser ewigen Finsternis eine ganze Menge Tiere. Wissenschaftler gehen davon aus, dass es in der Tiefsee sogar noch Tausende von unentdeckten Arten gibt.

DEM DRUCK STANDHALTEN

Fische, die in höheren Meeresschichten leben, besitzen in der Regel eine Schwimmblase, mit der sie in der Schwebe bleiben können. Sie würde dem Druck in der Tiefsee nicht standhalten. Deshalb haben Tiefseefische keine Schwimmblase oder andere gasgefüllte Körperräume, sondern regulieren die Schwimmtiefe mithilfe von Flüssigkeiten. Sie verändern sich unter Druck nicht.

DIE SINNE SCHÄRFEN

Wie würdest du dich in völliger Dunkelheit orientieren? Du könntest die Arme ausstrecken und tasten, auf Geräusche und Bewegungen achten oder versuchen, dich anhand von Gerüchen zurechtzufinden. Die Lebewesen der Tiefsee machen es ähnlich. Die meisten von ihnen haben speziell ausgebildete Sinne, um Beute aufzuspüren.

AUGEN AUF, AUGEN ZU

Tiere, die von der Tiefsee in die Dämmerungszone aufsteigen, um Futter zu suchen, haben häufig riesige Augen. Mit ihnen versuchen sie, das letzte bisschen Licht einzufangen, das bis dorthin vordringt. Die größten Augen im Tierreich besitzt der Koloss-Kalmar. Mit einem Durchmesser von 25 Zentimetern sind sie so groß wie Fußbälle. Dagegen haben sich die Augen bei Tieren, die in ewiger Dunkelheit leben, häufig zurückgebildet oder sind gar nicht mehr vorhanden.

MEERESSCHNEE

In der Tiefsee herrscht Futtermangel. Deshalb werden viele Fische auch nicht größer als 30 Zentimeter. Wer nicht in der Lage ist, andere Tiere zu fangen, ernährt sich von dem, was aus höheren Meeresschichten herabrieselt, dem sogenannten Meeresschnee.

LEBENSRÄUME IM MEER

🛟 GROSSMÄULER

Viele Tiere der Tiefsee sehen furchterregend aus. Viperfisch, Fangzahn- und Anglerfisch sowie Pelikanaal haben riesige Mäuler mit messerscharfen Zähnen. Oft sind die Zähne auch noch abenteuerlich gebogen, damit einmal gefangene Beute nicht wieder entkommen kann. Sie schwimmen mit weit aufgerissenem Maul umher und fressen alles, was ihnen zwischen die Zähne kommt. Einige Arten warten aber auch einfach, bis ein Beutetier vorbeischwimmt und schnappen dann zu.

🛟 LICHT AN!

Du kannst im Dunkeln eine Taschenlampe anknipsen. Entweder, um dich zu orientieren oder um von anderen gefunden zu werden. Fische wie Seeteufel, Angler- und Drachenfisch können ebenfalls Licht machen. Mit ihren Leuchtorganen locken sie Beute oder Partner an, schrecken aber auch Räuber ab. Auch der Tiefsee-Seestern, einige Quallen und Weichkorallen können Licht erzeugen.

GUMMIMAGEN

Einige Tiefseebewohner wie der Schlinger haben Mägen, die dehnbar sind. Sie sind in der Lage, Tiere zu verschlingen, die so groß sind wie sie selbst. Von solch einem Fang können sie dann eine Weile leben.

TIEFSEE

SCHORNSTEINE UNTER WASSER

Black Smoker, schwarze Schonsteine oder Raucher, werden die kaminartigen Gebilde auf dem Boden der Tiefsee genannt, aus denen bis zu 400 Grad Celsius heißes Wasser aufsteigt. Es entsteht, wenn Meerwasser durch Ritzen in tiefere Gesteinsschichten sickert, dort auf heißes Magma trifft und durch dünne Schichten der Erdkruste nach oben schießt. Auf seinem Weg wird es mit Mineralien und Schwefelstoffen angereichert. So kommt die trübe Farbe zustande.

LEBEN DURCH BAKTERIEN

Von der giftigen Brühe aus den heißen Schloten ernähren sich Bakterien. Sie selbst dienen dann wieder anderen Meeresbewohnern wie Klaffmuscheln, Schnecken, Krebstieren und Röhrenwürmern als Nahrung. Rund um die heißen Quellen (Hydrothermalquellen) leben mehr Arten als an jedem anderen Ort in der Tiefsee. Einige von ihnen gibt es sogar nur dort.

NEUES FORSCHUNGSGEBIET

Die Schwarzen Raucher wurden erst 1977 in Nähe der Galapagos-Inseln entdeckt. Seitdem fanden Forscher rund um die Raucher bereits mehr als Hundert völlig neue Tierarten.

61

MEERESTIERE UND MEERESPFLANZEN

HAIE, FISCHE, MEERESSCHILDKRÖTEN

🛟 HAIE: GEFRÄSSIG UND GEFÜRCHTET

Haie haben einen schlechten Ruf. Sie gelten als gefährliche Räuber und gefräßige Monster, die auch vor Menschen nicht haltmachen. Dabei greifen von den mehr als 500 Arten nur die wenigsten Menschen an. Haie machen Jagd auf Fische und andere Meerestiere, einige (Walhai, Riesenhai, Riesenmaulhai) ernähren sich aber auch von Plankton.

64

HAMMER, KATZE UND ZITRONE

Haie haben zum Teil recht merkwürdige Namen. Wie der Hammerhai zu seinem kam, ist dir aber sofort klar, wenn du ein Bild von ihm siehst. Zitronenhaie wurden nach ihrer gelblichen Färbung benannt und Katzenhaie nach der Form ihrer Pupille, die bei Lichteinfall ähnlich wie bei Katzen nur noch als schmaler Streifen sichtbar ist.

BLAUHAI: ZÄHNE OHNE ENDE

Blauhaie werden bis zu vier Meter groß. Von allen Haiarten schwimmen sie die weitesten Strecken. Was ihnen vor die lange Nase kommt, wird gefressen. Sie sind so wenig wählerisch, dass sich in ihren Mägen neben Fischen auch öfter mal Müll von Schiffen findet. Falls sie sich daran die Zähne ausbeißen, macht das nichts, denn sie haben wie ihre Artgenossen ein sogenanntes Revolvergebiss. Fällt ein Zahn aus, schiebt sich einfach ein neuer in die Lücke.

IN SCHWÄRMEN KOMMEN

Hast du in einem großen Aquarium schon mal einen Fischschwarm beobachtet? Es ist faszinierend, wie schnell und sicher sich die Einzeltiere in der Gruppe bewegen, ohne aneinanderzugeraten. Das funktioniert nur, weil sich die Tiere untereinander verständigen und immer den gleichen Abstand zum Nachbarfisch einhalten. Heringe, Sardinen und Makrelen sind typische Schwarmfische.

HAIE, FISCHE, MEERESSCHILDKRÖTEN

MEERESTIERE UND MEERESPFLANZEN

Flunder

⊙ KNOCHEN ...

Was schätzt du? Wie viele Fischarten gibt es im Meer? Es sind über 20.000 Arten und die meisten von ihnen zählen zu den Knochenfischen. Wie der Name bereits andeutet, besitzen sie ein verknöchertes Skelett und häufig eine Schwimmblase, mit der sie sich auf- und abbewegen können. Thunfische und Plattfische wie Flundern zählen zu den Knochenfischen.

⊙ ... ODER KNORPEL?

Knorpelfische haben anstelle von Knochen biegsame Knorpel. Als Raubfische ernähren sie sich ausschließlich von anderen Tieren. Da sie keine Schwimmblase haben, müssen sie immer in Bewegung bleiben, sonst sinken sie auf den Grund. Haie, Rochen und Seedrachen sind Knorpelfische.

SCHWERGEWICHT

Der schwerste Knochenfisch kann über eine Tonne wiegen und mehr als drei Meter lang werden. Der Mondfisch, auch „Schwimmender Kopf" genannt, sieht aus, als hätte man vergessen, ihm einen Hinterleib zu geben. Der unförmige Fisch ist kein besonders guter Schwimmer. Er ist vorwiegend in warmen tropischen und subtropischen Gewässern unterwegs, wurde aber auch schon in der Ostsee gesichtet.

Mondfisch

⊙ SCHILDKRÖTEN: WANDERER DER MEERE

Alle sieben Arten von Meeresschildkröten legen weite Strecken im Wasser zurück. Mehr als 7000 Kilometer schwimmen einige weibliche Schildkröten, um ihre Eier an dem Strand abzulegen, an dem sie selbst Jahre zuvor geschlüpft sind. Die männlichen Tiere gehen nie an Land.

⚠ AB IN DIE SUPPE

Suppenschildkröten wurden früher stark bejagt. Ihr Fleisch kam als Schildkrötensuppe in Feinschmeckerrestaurants auf den Tisch und aus dem Panzer wurden Schmuck und Kämme hergestellt. Heute stehen alle Meeresschildkröten unter Schutz.

⊙ KLEIN UND GROSS

Kemps Bastardschildkröte ist mit maximal 70 Zentimeter Länge und 45 Kilogramm Gewicht die kleinste Meeresschildkröte. Sie hat einen breiten Panzer, lebt im Golf von Mexiko und ernährt sich von Krebsen, Quallen und Tintenfischen. Fast alle weiblichen Tiere legen ihre Eier an einem einzigen Strand bei Rancho Nuevo, nördlich von Tampico im nordöstlichen Mexiko. Die größte Meeresschildkröte ist die Lederschildkröte mit einem Panzer von zweieinhalb Meter Länge und einem Gewicht von 800 Kilogramm.

HAIE, FISCHE, MEERESSCHILDKRÖTEN

MEERESSÄUGER

🛟 VOM LAND INS WASSER

Sicher kennst du viele Säugetiere, die an Land leben. Auch die Meeressäuger waren früher, vor rund 50 Millionen Jahren, auf dem Land zu Hause. Bei einigen von ihnen kannst du dir das bestimmt vorstellen, denn Robben und Seeotter halten sich auch heute noch ab und zu an Land auf.
Ein Wechsel von einem Landtier zu einem Meerestier allerdings geht nicht von heute auf morgen vonstatten. Es dauerte mehrere Millionen Jahre, bis aus hundeähnlichen, vierbeinigen Tieren stromlinienförmige Tiere mit Flossen wurden. Arme, Beine und Schwänze bildeten sich dabei zu Schwanz- und Brustflossen um. Warum die Tiere ihren Lebensraum ins Meer verlagerten, ist noch nicht vollständig geklärt. Forscher vermuten, dass sie damit auf die große Konkurrenz um Nahrung an Land reagierten.

🛟 DIE LUFT ANHALTEN

Wie lange kannst du die Luft anhalten? Länger als 30 Sekunden? Manche Wale schaffen es, über eine Stunde unter Wasser zu bleiben. Unangefochtener Sieger ist der Cuvier-Schnabelwal mit 85 Minuten. Kommen sie schließlich an die Oberfläche, öffnen sie ihr Blasloch und atmen sehr schnell ein. Wale, die ausatmen, erkennst du schon von Weitem. Aus ihrem Blasloch schießt dabei eine meterhohe Fontäne aus Wassertröpfchen. Bevor sie abtauchen, verschließen sie das Blasloch wieder.

🛟 ZAHN- ODER BARTENWAL?

Von den 84 Walarten (auch die Delfine zählen dazu) gehören 71 zu den Zahnwalen. Sie besitzen entweder im Ober- und Unterkiefer Zähne wie Delfine oder haben nur im Unterkiefer eine Zahnreihe wie der Pottwal. Bartenwale wie der Buckelwal besitzen anstelle von Zähnen Barten. Das sind Hornplatten, mit denen sie Krill und kleine Fische aus dem Wasser filtern.

MEERESSÄUGER

69

🛟 IN DER SCHULE

Delfine sind gerne in Gesellschaft. Sie schwimmen meistens in Gruppen von mehreren Tieren zusammen, den sogenannten Schulen. Sie verständigen sich untereinander mit Klick- und Pfeiflauten oder geben quietschende Töne von sich. Ähnlich wie ihr euch in der Familie oder unter Freunden helft, unterstützen sich auch Delfine untereinander. Kranke Tiere werden zum Atmen an die Oberfläche begleitet und werdende Mütter zum Schutz umkreist.

Delfine

🛟 SPECKBAUCH UND FLOTTER SCHWIMMER

Robben sehen an Land etwas unbeholfen aus, wenn sie auf den Flossen „robben". Im Wasser sind die Raubtiere dagegen in ihrem Element und schnell unterwegs. Zu den Flossenfüßern, wie sie auch genannt werden, zählen Seebär, Seehund, See-Elefant, Seeleopard, Seelöwe und das Walross mit seinen großen Hauern.

Robbe

LEBENSRETTER

Es gibt zahlreiche Berichte von Delfinen, die Menschen das Leben gerettet haben. Erschöpfte Schwimmer wurden bis zu ihrer Rettung über Wasser gehalten oder an Land geleitet.

Seekuh

🛟 WAS MACHT DER ELEFANT IM MEER?

Seekühe sind nicht mit den Robben verwandt. Ihre nächsten Verwandten sind Elefanten. Die plumpen, unförmigen Tiere haben eine spatenförmige oder gegabelte Flosse und werden in zwei Gruppen unterteilt: Gabelschwanzseekühe (Dugongs) und Rundschwanzseekühen (Manatis). Beide Arten ernähren sich anders als Robben rein pflanzlich von Seegras, Algen und Tang, die sie vom Meeresboden abweiden.

🛟 SEEOTTER

Mit 1,2 Metern Körpergröße sind Seeotter die kleinsten Meeressäuger. Die intelligenten Tiere ernähren sich von Fischen, Krabben, Seeigeln und Muscheln. Um sie zu knacken, legen sie sich auf den Rücken, platzieren einen Stein auf ihrem Bauch und schlagen die Muschel so lange darauf, bis sie an das weiche Fleisch kommen. In Rückenlage ruhen sie sich auch aus und schlafen manchmal in Kelp eingewickelt. So können sie nicht abtreiben.

ABSOLUT WASSERDICHT

Seeotter haben das dichteste Fell aller Säugetiere. Auf einem Quadratzentimeter wachsen bis zu 100.000 Haare.

Seeotter

MEERESSÄUGER

MEERESTIERE UND MEERESPFLANZEN

SEEVÖGEL

VON DER KÜSTE BIS AUFS OFFENE MEER

Weltweit gibt es ungefähr 300 verschiedene Arten von Seevögeln. Einige von ihnen leben in Küstennähe. Zu ihnen gehören Möwen, von denen du sicher schon einige gesehen hast, aber auch Alken, Lummen, Seetaucher und Tölpel. Die anderen Arten bevorzugen das offene Meer und kommen nur zum Brüten an Land. Albatrosse, Sturmvögel, Sturmseeschwalben und Pinguine sind darunter.

MÖWEN ALLER ART

Möwen sind die bekanntesten Seevögel und an fast allen Küsten der Welt zu finden. Sie bilden eine eigene Familie mit 55 Arten. Die lautstarken Tiere brüten in Kolonien und lernen schnell. Das sorgt in einigen Küstengebieten für Ärger, denn die Vögel fangen sich ihren Fisch zum Teil nicht mehr selbst, sondern schnappen sich gleich das Fischbrötchen des überraschten Urlaubers. Das Füttern der Tiere ist deshalb meistens verboten und wird zum Teil sogar unter Strafe gestellt.

IM STURZFLUG

Einige Vogelarten wie Seeschwalben, Kormorane und Tölpel stürzen sich kopfüber aus luftiger Höhe hinunter ins Meer, um dort Fische zu erbeuten. Tölpel erreichen dabei Geschwindigkeiten von über 150 Kilometer pro Stunde. Das ist schneller, als die meisten Autos auf der Autobahn unterwegs sind.

PIRATEN DER LÜFTE

Fregattvögel sind ganz schön frech. Ihre Heimat sind die tropischen Meere. Dort jagen die geschickten Flieger nach Quallen und Fischen. Häufig halten sie aber nicht selbst nach Beute Ausschau, sondern jagen sie anderen Vögeln ab. Zimperlich sind sie dabei nicht. Sie hacken mit ihrem Schnabel auf den Artgenossen ein oder kneifen ihn in die Schwanzfedern. Lässt der Angegriffene die Beute fallen, schnappt sie sich der Fregattvogel, bevor sie ins Wasser fällt. Nass wird er nämlich nur ungern, da sich sein Gefieder schnell mit Wasser vollsaugt.

SEEVÖGEL

Albatros

⊙ SUPER-SEGLER

Alle 21 Albatros-Arten sind perfekt an ein Leben über dem offenen Meer angepasst. Stell dir vor, sie können mit einem einzigen Flügelschlag bis zu 100 Kilometer zurücklegen und am Tag bis zu 1000 Kilometer fliegen. Hilfreich sind dabei die großen Flügel. Mit bis zu 3,5 Meter Spannweite haben Albatrosse die längsten Flügel unter den Vögeln.

TOLLPATSCH

Albatrosse, die über dem Wasser sehr elegant wirken, haben bei Starts und Landungen große Probleme. Ohne langen Anlauf kommen sie nicht in die Luft und beim Landen überschlagen sie sich häufig, weil sie noch zu schnell sind.

⊙ STURMSCHWALBEN

Im Gegensatz zum Albatros, der lange gleitet, flattern Sturmschwalben hektisch mit den Flügeln. Ihren Flug kannst du dir ähnlich zappelig vorstellen wie den von Fledermäusen. Die kleinsten Seevögel (maximal 18 Zentimeter lang) fliegen dicht über der Wasseroberfläche und mit hängenden Beinen. Das ist nicht ganz ungefährlich, wie fehlende oder verletzte Beine zeigen. Vermutlich schnappen Raubfische nach ihnen.

Basstölpel

DER CLOWN UNTER DEN VÖGELN

Mit ihrem mehrfarbigen dreieckigen Schnabel sehen Papageientaucher sehr lustig aus. Sie gehören zu den Alken und leben am Nordatlantik und am Nordpolarmeer. Ihren Nachwuchs ziehen sie in großen Kolonien an Klippen auf. Sie sind in der Lage, mehrere Fische auf einmal im Schnabel zu tragen. Außerdem fressen sie Borstenwürmer und Krebstiere.

Papageientaucher

Galapagos-Pinguin

VÖGEL, DIE NICHT FLIEGEN

Auch Pinguine zählen zu den Seevögeln, obwohl sie flugunfähig sind. Dafür können sie hervorragend schwimmen und tauchen. Ihre Federn sind sehr dicht und schützen die Tiere optimal vor Kälte und Nässe. Auffällig ist ihre Färbung: am Rücken schwarz, am Bauch weiß. Findest du nicht auch, dass sie aussehen, als hätten sie einen Frack an? Mit dem schwarz-weißen Federkleid ist der Pinguin gut vor Feinden im Wasser getarnt.

NICHT NUR IN DER ANTARKTIS ZU HAUSE

Pinguine leben nicht nur am Südpol. Dort brüten nur der große Kaiserpinguin und der zierliche Adéliepinguin. Alle anderen Arten mögen es wärmer. Du findest sie zum Beispiel auf den Galapagos-Inseln oder an den Küsten Neuseelands und Südafrikas.

WEICHE UND STACHELIGE BEWOHNER

◉ WAS SIND WEICHTIERE?

Zu den Weichtieren oder den Mollusken, wie sie von Fachleuten genannt werden, zählen Schnecken, Muscheln und Kopffüßer. Letztere kennst du unter dem Namen Tintenfisch. Die Weichtiere stellen nach den Insekten mit ungefähr 130.000 Arten die größte Tiergruppe. Allen Weichtieren ist gemeinsam, dass ihnen ein stützendes Skelett fehlt. Nur deshalb können sie sich so extrem verbiegen und verdrehen.

◉ MIT ODER OHNE DÜSENANTRIEB

Landschnecken sind dir sicher schon oft begegnet. Und Meeresschnecken? Einige von ihnen schwimmen, indem sie die breiten Fußlappen wie ein Rochen auf- und abbewegen, andere wandern auf dem Meeresboden. Manche Muscheln nutzen wie Tintenfische den Rückstoß zum Fortkommen. Dazu pressen sie Wasser aus den Schalen und sausen dann in Gegenrichtung davon.

Tintenfisch

HARTE SCHALE, WEICHER KERN

Viele Weichtiere besitzen ein sogenanntes Außenskelett. Der Name ist etwas verwirrend und nicht ganz korrekt, da es das Tier weder stützt noch formt. Gemeint ist die Schale, die du bei Muscheln siehst, oder das Schneckenhaus.

Meeresschnecke

🛟 MAHLZEIT

Viele Muscheln kannst du essen. Miesmuscheln, Jakobsmuscheln und Austern sind darunter. Da Muscheln in vielen Ländern eine beliebte und häufig verzehrte Speise sind, werden sie, wenn möglich, gezüchtet. In großen Unterwasserfarmen, sogenannten Aquakulturen, wachsen sie heran, bis es Zeit ist, sie zu ernten.

🛟 FISCHE? VON WEGEN!

Mit dem Namen Tintenfisch wird eine Gruppe von Tieren bezeichnet, die gar keine Fische sind. Es sind Kopffüßer. Kalmare, Sepien, Kraken und Perlboote zählen dazu. Kalmare leben im freien Wasser und können bis zu 20 Meter groß werden, Echte Tintenfische (Sepien) bevorzugen Bodennähe. Beide besitzen zehn Fangarme, die mit Saugnäpfen besetzt sind. Kraken haben nur acht Fangarme, Perlboote bis zu 47 Fangarmpaare. Anstelle von Saugnäpfen nutzen sie eine klebrige Flüssigkeit, um Beute festzuhalten.

Jakobsmuschel

> ### 🛟 MUSCHEL ODER SCHNECKE?
> *Sie zu unterscheiden ist recht einfach. Muscheln erkennst du an den beiden Klappen, die durch ein elastisches Band zusammengehalten werden. Schnecken haben ein einteiliges Gehäuse. Oft hat es die Form einer Spirale.*

WEICHE UND STACHELIGE BEWOHNER

Perlboot

77

⊙ NESSELTIERE

Quallen kennst du sicher, oder? Sie gehören wie Seeanemonen und Korallen zu den Nesseltieren und besitzen komplizierte Nesselkapseln. Mit ihnen schützen sich die einfach aufgebauten Tiere gegen Feinde und fangen Beute. Das in den Kapseln enthaltene Gift kann so stark sein, dass ein Kontakt mit ihm selbst für Menschen lebensgefährlich sein kann. Es gibt zwei Formen von Nesseltieren: freischwimmende wie Quallen und die festsitzenden Polypen.

⊙ GIFTSCHLEUDER

In den Tentakeln befinden sich die Nesselzellen. In jeder von ihnen ist eine Nesselkapsel mit einem aufgerollten Nesselfaden. Das kannst du dir ähnlich vorstellen wie einen Faden auf einer Garnspule. Berührst du die Tentakel, ändert sich der Druck im Inneren der Nesselkapseln und die giftigen und oft mit Widerhaken versehenen Fäden werden herausgeschleudert.

TENTAKELN AUSWEICHEN

Schwimmst du im Meer, kannst du versuchen, Quallen auszuweichen. Vor den Nesselkapseln schützt dich das nur bedingt, denn manche Quallen haben Tentakel, die bis zu 50 Meter lang sind.

STACHELIGE HAUT

Es gibt auf der Welt mehr Stachelhäuter (etwa 6300 Arten) als Säugetiere und alle leben im Wasser. Seesterne kennst du sicher. Außer ihnen gehören noch Seeigel, Seegurken, Schlangensterne, Seelilien und Haarsterne zur Tiergruppe. Stachelhäuter gibt es schon seit Urzeiten, nämlich seit mehr als 500 Millionen Jahren. Bis heute haben sie sich wenig verändert. Sie haben beispielsweise immer noch einen fünfstrahligen Körper. Zähl mal nach!

Seeigel

Seegurke

SEEGURKEN-TRICKS

Was sieht aus wie eine Gurke, ist aber ein Stachelhäuter? Die Seegurke oder Seewalze. Mit ihren vielen Saugnapf-Füßchen bewegt sie sich langsam über den Meeresboden und grast ihn nach Plankton ab. Fühlt sie sich angegriffen, schleudert sie ihre inneren Organe, lange klebrige Fäden, aus dem Körper. Das verwirrt die meisten Angreifer derart, dass die Gurke Zeit hat, davonzuschleichen.

ARME WACHSEN LASSEN

Seesterne sind in der Lage, ihre Arme nachwachsen zu lassen. Das ist praktisch, falls ein Räuber einen abgefressen hat. Der neue Arm wird aber meistens nicht so lang wie der alte.

WEICHE UND STACHELIGE BEWOHNER

79

KREBSE, PLANKTON & CO.

Hummer

Krebs

🛟 VOM KREBS- ZUM KRUSTENTIER

Krebse oder Krebstiere zählen zu den Gliederfüßern. Es gibt sie in Zehntausenden verschiedenen Arten: von winzig bis riesig, von knallrot bis fast durchsichtig und von rundlich bis länglich. Der Begriff Krustentier ist im Gegensatz zum Krebstier kein wissenschaftlicher Name, sondern eine gastronomische Bezeichnung. Krustentiere ist die Sammelbezeichnung für diejenigen Krebsarten, die du im Restaurant als Gericht bestellen könntest (zum Beispiel Garnelen, Hummer, Krabben, Langusten).

🛟 SO ERKENNST DU KREBSE

Auch wenn Krebse ganz verschieden sind, haben sie doch ein paar Merkmale gemeinsam. Sie besitzen bis zu 17 Beinpaare, zwei Antennenpaare und einen harten Panzer, meistens auf dem Rücken. Die bekanntesten Krebse gehören zu den Zehnfußkrebsen. Von den fünf Beinpaaren sind vier für die Fortbewegung zuständig, das Fünfte ist mit Scheren ausgestattet.

EIN NEUES PANZERKLEID

So wie du neue Kleidung brauchst, wenn du wächst, benötigen Krebse ab und zu einen neuen Panzer. Dann stoßen sie den alten ab und warten an einem sicheren Ort, bis der neue hart genug ist.

Garnele

🛟 EINSIEDLERKREBSE

Einsiedlerkrebse leben in Küstengewässern in Schneckenhäusern oder anderen Hohlräumen. Vielleicht hast du schon einmal einen von ihnen dabei beobachtet, wie er seine Behausung hinter sich herzieht. Das sieht mühsam aus. Warum macht der Krebs das also? Grund dafür ist sein weicher Hinterleib. Dieser hat keinen Panzer und wird deshalb im Schneckenhaus versteckt und geschützt. Wächst der Krebs, muss er sich ein größeres Haus suchen.

Einsiedlerkrebs

🛟 SEESPINNEN

Seespinnen sind Krabben, auch wenn ihr Name etwas anderes andeutet. Ihre Beine sind lang und dünn, ähnlich wie bei einem Weberknecht. Die Japanische Riesenkrabbe ist die größte aller Seespinnen. Von einem Bein zum anderen kann sie mehr als dreieinhalb Meter messen. In Japan gilt ihr Fleisch als Delikatesse.

🛟 WIE IM WILDEN WESTEN

Pistolenkrebse schießen mit einer rechten Schere, wenn sie auf Beute aus sind oder auf einen Angreifer treffen. Dabei erzeugen sie mit Luftblasen einen Knall, der lauter ist als ein Düsenjet. Das kann den Gegner je nach Größe betäuben oder ernsthaft verletzen.

Seespinnen

MEERESTIERE UND MEERESPFLANZEN

Ruderfußkrebs unter dem Mikroskop

🛟 PLANKTON

Zooplankton (tierisches Plankton) besteht unter anderem aus winzigen Krebstieren. Den größten Anteil daran haben winzige Ruderfußkrebse, von denen es mehr als 10.000 Arten gibt. Die meisten von ihnen sind nur zwischen 0,2 und 2 Millimeter groß. Das ist so winzig, dass du die kleineren von ihnen mit deinem Lineal gar nicht ausmessen könntest.

KRILL

Auch der Name Krill bezeichnet Krebstiere. Sie erinnern von ihrer Form her an Garnelen, sind aber viel, viel kleiner. Krill ist ebenfalls ein Bestandteil des Zooplanktons. Es kommt in riesigen Schwärmen vor und bildet die Nahrung für viele, auch sehr große Meerestiere, wie den Blauwal. Antarktischer Krill ist die bekannteste Art.

🛟 MEERESWÜRMER

So wie du in der Gartenerde Regenwürmer finden kannst, würdest du auch im Watt und auf dem Meeresgrund fündig werden. Viele verschiedene Wurmarten leben in den Ozeanen. Spritzwürmer, Borstenwürmer, Röhren- und Strudelwürmer sind in allen Lebensräumen des Meeres zu finden. Sie ernähren sich von den Knochen toter Tiere, Aas oder von Plankton.

Röhrenwurm

82

🛟 RIESENBORSTENWURM

Zu sehen bekommst du von dem Riesenwurm, der bis zu drei Meter lang werden kann, meistens nur ein paar Zentimeter. Der Rest des Tieres ist im Meeresboden eingegraben. Er macht Jagd auf Krebse, Muscheln und kleine Fische, die er aus seinem Versteck heraus anfällt. Dann zieht er sie in den Boden und verschlingt sie. Große Beutetiere werden betäubt und ausgesaugt.

Riesenborstenwurm

Schwamm

🛟 PFLANZE ODER TIER?

Hast du einen echten Badeschwamm? Er sieht doch aus wie eine Pflanze, oder? Dafür hat man ihn auch noch bis in das 19. Jahrhundert gehalten. Schwämme sind jedoch Tiere, allerdings bewegen sie sich im Gegensatz zu anderen Tieren nie.

🛟 LEBEN OHNE ORGANE

Schwämme sind an einem festen Untergrund festgewachsen. Ihnen fehlen neben Organen auch Muskel-, Nerven- und Sinneszellen. Sie ernähren sich, indem sie unermüdlich Wasser durch ihre Hohlräume strudeln und dabei über kleine Poren Nahrungspartikel aufnehmen. Schwämme wachsen sehr langsam und können eine Größe von bis zu drei Metern erreichen. Wenn sie nicht geerntet werden sie sehr alt.

KREBSE, PLANKTON & CO.

TIEFSEEFISCHE

🛟 FISCHIGES GRUSELKABINETT

Viele Fische, die du in einem Aquarium sehen kannst, sind bunt, hübsch, und einige werden sogar als niedlich bezeichnet. Die Fische aus der Tiefsee können da nicht mithalten. Ihre Farben sind meistens unauffällig, schwarz oder rot, und sie haben die merkwürdigsten Formen und Auswüchse. Oft werden sie als furchterregend, gruselig, bizarr und wie aus einem Albtraum beschrieben. Den Fischen kann das egal sein, denn da unten ist es rabenschwarz und es sieht sie ja keiner. Aber ist das wirklich so?

🛟 SEHEN UND GESEHEN WERDEN

Warum haben Tiefseefische Augen, wo es doch dort, wo sie leben immer dunkel ist? Wie finden Sie ihre Beute, wenn sie doch nichts sehen können? Die Antwort darauf ist Licht. Das produzieren die Fische nicht selbst. Sie nutzen Bakterien, die in der Lage sind, durch chemische Reaktionen Licht zu erzeugen.

BIOLUMINESZENZ

Der Fachbegriff für diese Leuchtfähigkeit ist Biolumineszenz. 90 Prozent aller Tiefseelebewesen haben diese Fähigkeit.

MIT LICHT AUF BEUTEFANG

Die Weibchen der Tiefsee-Anglerfische haben oben am Kopf einen angelähnlichen Fortsatz, an dem eine Beuteattrappe hängt. In ihr befinden sich Leuchtbakterien. Mit der Leuchtangel vor dem weit geöffneten Maul wartet das Weibchen auf unvorsichtige Beutetiere. Nähert sich eines, wird das Licht „ausgeschaltet" und das plötzlich orientierungslose Tier aufgefressen.

FÜR IMMER VERBUNDEN

Die Männchen des Tiefsee-Anglerfischs sind im Verhältnis zum Weibchen winzig und haben keine „Leuchtangel". Bei einigen Arten wachsen die Männchen fest mit dem Körper des Weibchens zusammen. Manchmal „bewohnen" sogar mehrere Männchen ein einziges Weibchen. Sie werden über ihren Blutkreislauf ernährt. Stirbt das Weibchen, bedeutet das auch ihr Ende.

DIE FARBE DES LICHTES

Glühwürmchen leuchten ebenfalls. Das hast du vielleicht schon einmal beobachten können. Ihr Licht ist gelblich. Tiefseebewohner erzeugen dagegen meistens ein blaues oder blaugrünes Licht. Es ist im Wasser besonders gut zu sehen.

TIEFSEEFISCHE

🛟 LICHT AN, LICHT AUS

Würden die Leuchtorgane aller Tiefseefische ständig leuchten, wäre es in der Tiefsee ganz schön hell. Das ist es aber nicht, denn die Fische nutzen ihr Licht nur bei Bedarf. Einige können das Licht „ausknipsen", indem sie es zum Beispiel nicht mehr mit Sauerstoff versorgen, andere ziehen eine Art Jalousie vor die Leuchtbakterien.

🛟 DIE STRATEGIEN DER LEUCHTFISCHE

Auch der langgestreckte Schuppendrachenfisch hat eine Leuchtangel, um Beute anzulocken. Fragst du dich, warum die Beutetiere vom Licht angezogen werden? Sie sind selbst auf der Suche nach leuchtenden Kleintieren zum Fressen und denken nun, sie haben Futter gefunden. Das Licht wird neben der Nahrungsbeschaffung aber auch zum Anlocken von Partnern eingesetzt oder dazu, sich selbst „unsichtbar" zu machen.

Schuppendrachenfisch

 ROT, NICHT BLAU

Einige wenige Tiefseefische, die Zungenkiemer, produzieren rotes Licht. Sie können damit nach Beute suchen, ohne selbst entdeckt zu werden, da das rote Licht von ihren Beutetieren nicht gesehen werden kann. Für diese ist die Umgebung weiterhin dunkel.

🛟 LICHTPUNKTE

Fische wie der Beilfisch oder die Laternenfische haben mehrere Leuchtorgane am Körper. Sie strahlen ein punktförmiges Licht ab. Der Beilfisch tarnt sich damit gegen Blicke von unten, denn seine Umrisse sind aufgrund der Leuchtpunkte nicht gut zu sehen. Laternenfischen dienen die Lichter wahrscheinlich zur Partnersuche und zur Orientierung im Schwarm.

Gespensterfisch

BESTE AUSSICHT

Gespensterfische haben einen durchsichtigen Kopf. Mit ihren beweglichen Augen können sie nach oben durch ihren Kopf hindurch nach Beute Ausschau halten. Wegen dieser Fähigkeit werden sie auch Hochgucker genannt.

🛟 KLOPF, KLOPF

Hast du schon einmal einen Fisch mit Ohren gesehen? Auch wenn die Ohren, so wie bei dir, nicht zu sehen sind, hören einige Fische sehr gut. Der Grenadierfisch, der wegen seines langen, spitz zulaufenden Schwanzes auch Rattenfisch genannt wird, gehört dazu. Er kann mit seiner Schwimmblase laute Trommellaute erzeugen und sich so mit seinen Artgenossen verständigen und Weibchen anlocken. Grenadierfische können bis zu anderthalb Meter lang werden.

Grenadierfisch

TIEFSEEFISCHE

MEERESPFLANZEN

🛟 GRÜN, ROT, BRAUN

Algen sind blütenlose Pflanzen, die im Wasser leben. Sie kommen sowohl im Süßwasser als auch im Salzwasser vor. Ihr Name ist vom lateinischen Wort *alga* abgeleitet. Er bedeutet Seegras oder Seetang. Algen wachsen nur in den Meereszonen, in die das Sonnenlicht noch vordringt. Ohne Licht können sie keine Fotosynthese betreiben und nicht überleben. Algen werden nach ihrer Farbe in Grün-, Rot- und Braunalgen unterschieden.

🛟 FREI ODER VERHAFTET

Algen kommen in vielen Formen und Größen vor. Manche erinnern an kleine Äste, Salat oder zarte Kräuterstängel, andere an Moos, Gräser oder breite Wedel. Die kleinsten Algen treiben als Phytoplankton frei umher, große Tange halten sich mit ihren Haftorganen am Untergrund fest. Nach einem Sturm findest du sie manchmal als große Haufen angespült am Strand.

FOTOSYNTHESE

„Fotosynthese" nennt man den Prozess, bei dem aus Licht, Wasser, Kohlenstoffdioxid und Chlorophyll (Blattgrün) Sauerstoff und Zucker entstehen. Der Zucker liefert dabei die Energie, die die Alge zum Wachsen braucht.

🛟 SCHAUM AM STRAND

Noch etwas kannst du manchmal am Strand beobachten: weiße Schaumberge. Vielleicht hast du dich schon einmal gefragt, was das ist. Es ist Eiweiß aus Algen. So wie du mit einem Mixer Eiweiß schaumig schlägst, schlagen die Wellen das Algeneiweiß zu luftigen Wolken auf.

🛟 VERSTECKTE ALGEN

Du hast bestimmt schon einmal Algen gegessen. Das glaubst du nicht? Algen stecken inzwischen in vielen Produkten. Sie werden als Bindemittel in Eis und Joghurt eingesetzt und finden sich als Bestandteil in Margarine und Frischkäse. Auch die Kosmetikindustrie setzt auf die Meerespflanze und verarbeitet sie in Shampoo, Cremes und Zahnpasta.

Blasentang

🛟 BLASENTANG UND MEERSALAT

Der Blasentang ist eine große Braunalge. Du erkennst ihn wahrscheinlich sofort, denn er hat kleine, paarweise angeordnete Lufttaschen (Blasen). Sie funktionieren wie ein Schwimmkörper und geben ihm Auftrieb. Meersalat, eine Grünalge, sieht dagegen eher aus wie ein etwas schlapper Salatkopf. Er ist reich an Vitaminen und du kannst ihn als Rohkost essen. Wie er wohl schmeckt?

MEERESPFLANZEN

89

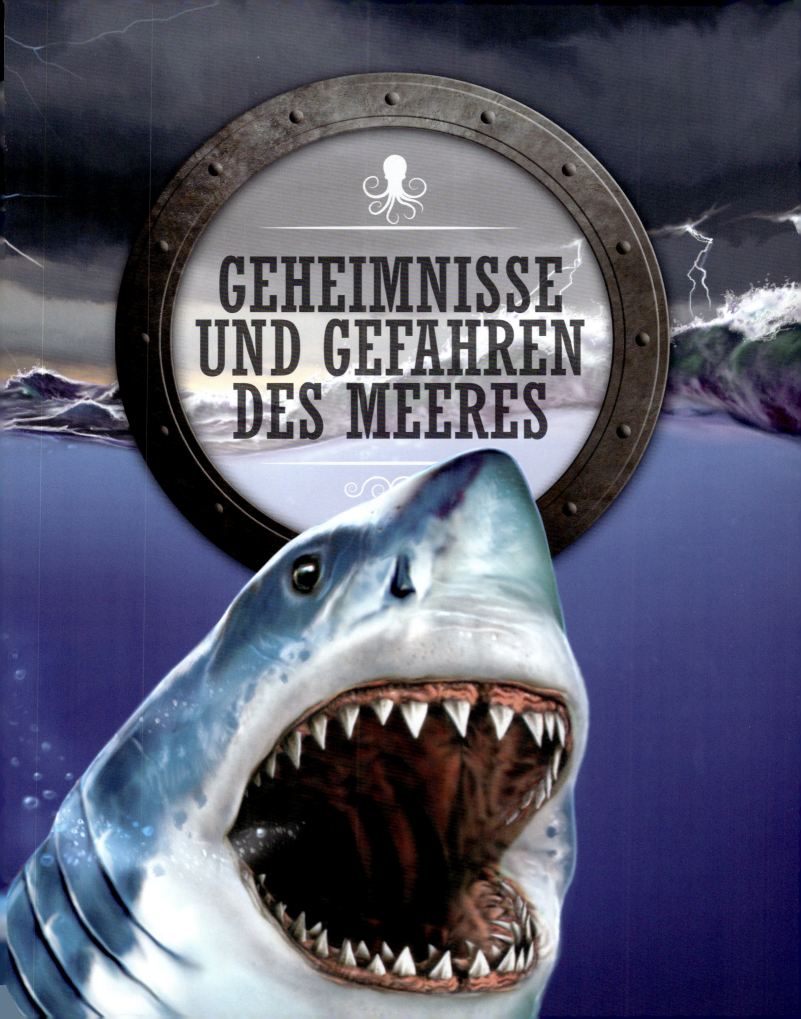

MEERESUNGEHEUER

🛟 WAHR ODER ERFUNDEN?

Viele Geschichten von Meeresungeheuern ranken sich um Tiere, die es tatsächlich gibt. Haie, Kraken und Seeschlangen sind in den Weltmeeren zu Hause und können dem Menschen unter gewissen Umständen tatsächlich gefährlich werden. Ihre Größe wird in den von ihnen erzählten Geschichten allerdings häufig stark übertrieben.

🛟 MENSCHENFRESSER

Weiße Haie haben einen schlechten Ruf. Sie werden als Menschenfresser betitelt und als schwimmende Bestie. Zugegeben, sie sehen furchterregend aus. Die vordere Zahnreihe ist auch bei geschlossenem Maul zu sehen und wirkt, als würde das Tier ständig grinsen. Auch ihre Größe würde dich beeindrucken. Bis zu sieben Meter kann ein Weißer Hai lang werden.

VIELARMIGE UNGEHEUER

Es gibt zahlreiche Bilder und Gemälde, auf denen Riesenkraken oder Kalmare nach Schiffen greifen, sich an ihnen festsaugen, sie regelrecht zerdrücken und so das Schicksal der Besatzung besiegeln. Mit Mann und Maus wird das Schiff in die Tiefe gerissen und verschwindet für alle Zeiten auf dem Grund des Meeres. Glaubst du solche Geschichten?

SEESCHLANGEN

Der angeblichen Größe von Riesenseeschlangen solltest du ebenfalls misstrauen. Zwar gibt es rund 56 Seeschlangenarten, die längsten von ihnen werden aber nicht einmal drei Meter lang. Hüten solltest du dich aber vor ihrem Gift. Es ist wesentlich stärker als das ihrer Artgenossen zu Lande. Dafür sind Seeschlangen friedfertiger und greifen nicht so schnell an.

MEERESUNGEHEUER

RIESENKALMARE

Lange Zeit hielt man die Berichte von riesigen Tintenfischen für eine Erfindung der Seeleute. Seit auch in der Tiefsee Fischerei betrieben wird, weiß man, dass es solche Tiere tatsächlich gibt. Koloss-Kalmare können bis zu 15 Meter lang werden. Große Schiffe versenken sie aber nicht.

UNHEIMLICHES MEER

🛟 UNERKLÄRLICH

Hast du schon einmal etwas verloren? Bei kleinen Dingen kommt so etwas sicher mal vor – aber bei Schiffen und Flugzeugen? Wie können solche großen Maschinen einfach vom Radar verschwinden und was noch unerklärlicher ist – nie wieder auftauchen? Eine Region ist für diese Art von Verlusten berüchtigt: das Bermudadreieck.

🛟 DER LETZTE FUNKSPRUCH

Das Rätsel um das „Teufelsdreieck" beginnt mit dem Verschwinden von fünf britischen Bombenflugzeugen im Dezember 1945. Das Geschwader hatte sich verflogen und berichtete über Funk von merkwürdigen Vorkommnissen. Dann brach die Verbindung ab. Das sofort ausgesandte Suchflugzeug kehrte ebenfalls nie wieder zurück. Die Männer und Maschinen blieben spurlos verschwunden.

> **DAS BERMUDADREIECK**
>
> *Der Name dieses geheimnisvollen Gebietes erklärt sich anhand seiner Form. Verbindest du die Bermudainseln mit der südlich davon liegenden Insel Puerto Rico und dem Süden von Florida erhältst du ein Dreieck.*

🛟 WEISSES WASSER

Neben den britischen Bombern verschwanden weitere Flugzeuge sowie Segel- und Fischerboote plötzlich von der Bildfläche. Einige der Besatzungsmitglieder berichteten zuvor von Kompassen, die verrücktspielten, und weißem Wasser, das brodelnd aus dem Meer aufstieg.

🛟 WENN DIE BLASE PLATZT

Natürlich wurden die Unglücke untersucht, um Erklärungen für sie zu finden. Wissenschaftler vermuten inzwischen, dass die großen Methangas-Vorkommen in diesem Gebiet der Grund für das Verschwinden von Schiffen und Flugzeugen ist. Werden durch Beben große Methanblasen frei, steigen sie an die Oberfläche. Schiffe verlieren ihren Auftrieb und gehen unter, Flugzeuge könnten durch das aufsteigende Gas explodieren.

SPEKULATIONEN

Wenn etwas Unerklärliches geschieht, machen sich die Menschen meistens Gedanken darüber, was das Ereignis ausgelöst haben könnte. Einige glaubten an merkwürdige Zeitverschiebungen im Bermudadreieck, andere an Wurmlöcher oder Ufos, die Mensch und Maschine entführten. Was glaubst du?

UNHEIMLICHES MEER

GEHEIMNISSE UND GEFAHREN DES MEERES

🛟 FÜHRERLOSE SCHIFFE

Gespensterschiffe, Geisterschiffe oder „Fliegende Holländer" werden sie genannt. Die Rede ist von Schiffen, die ohne Besatzung führerlos auf dem Meer treiben oder noch schlimmer, für alle Zeiten mit einer toten Mannschaft über die Weltmeere schippern.

🛟 MANN ÜBER BORD!

Manchmal gibt es eine einfache Erklärung für die besatzungslosen Boote. Stell dir vor, du gerätst in Seenot. Was machst du? Bestimmt forderst du Hilfe an. Die Seenotretter bergen dann dich und deine Mannschaft, doch das Boot bleibt zurück, wenn es nicht abgeschleppt werden kann. Es kommt aber auch vor, dass Piraten ein Schiff überfallen und die Seeleute in kleinen Booten auf dem Meer aussetzen, sie entführen oder einfach über Bord werfen. Haben die Seeräuber das Schiff geplündert, verlassen sie es und es treibt menschenleer umher.

DIE GESCHICHTE VOM „FLIEGENDEN HOLLÄNDER"

Der Legende zufolge muss der „Fliegende Holländer" als Strafe für begangenes Unrecht für alle Zeiten verflucht über die Meere segeln. Wer sein Schiff sichtete, musste damit rechnen, ebenfalls zu sterben.

96

🛟 SCHIFFSFRIEDHÖFE

Etwas weniger unheimlich und unerklärlich sind Schiffsfriedhöfe. So wie auf einem Friedhof wie du ihn kennst, Menschen begraben sind, finden sich auf Schiffsfriedhöfen viele Schiffe. Allerdings sind sie nicht begraben, sondern liegen zusammen mit anderen Wracks entweder auf dem Grund des Meeres oder an gefährlichen Küsten.

🛟 DAS KAP ÜBERLEBEN

Viele Segelschiffe liegen auf dem Meeresgrund bei Kap Hoorn. Schätzungen gehen von 800 gesunkenen Schiffen aus, mit deren Untergang rund 10.000 Menschen den Tod fanden. Damit ist das Gewässer um das Kap der größte Schiffsfriedhof der Welt. Schwierige Strömungs- und Windverhältnisse stellen dort auch heute noch eine Herausforderung für Segler dar.

SCHIFFE VERSENKEN

Warum an einem Ort besonders viele Schiffe stranden oder sinken, kann mehrere Ursachen haben. 1. Die Gewässer sind schwierig. Es gibt Untiefen, schwere Stürme oder häufigen Nebel. *2. Krieg und große Seeschlachten:* Schiffe sinken durch Beschuss oder werden mutwillig versenkt, um zum Beispiel Durchfahrten unmöglich zu machen.

UNHEIMLICHES MEER

97

SAGEN & LEGENDEN

🛟 SEEMANNSGARN SPINNEN

Kennst du Käpt'n Blaubär? Der Seebär tischt seinen Enkeln regelmäßig die unglaublichsten Geschichten auf. Er spinnt Seemannsgarn, nennt man das. Das bedeutet, er erzählt Geschichten, von denen man nicht so genau weiß, ob sie wahr sind oder erfunden. Manchmal steckt in den Erzählungen der Seeleute aber ein Körnchen Wahrheit.

🛟 SCHIEMANNSGARN

Früher besserten die Seeleute an schönen Tagen Tauwerk aus. Dazu benutzten sie auch das sogenannte Schiemannsgarn. Weil die Arbeit langweilig war, erzählten sie sich dabei Erlebnisse und Geschichten. Mit der Wahrheit nahmen sie es nicht immer ganz genau. Ihre übertriebenen und erfundenen Geschichten benannte man nach der Tätigkeit. Aus Schiemannsgarn wurde im Laufe der Jahre Seemannsgarn.

DIE VOLLE WAHRHEIT

Wer einmal lügt, dem glaubt man nicht. Kennst du dieses Sprichwort? Seemännern, die von Monsterwellen berichteten, glaubte man lange nicht. Man dachte, sie spinnen Seemannsgarn. Heute weiß man, dass es tatsächlich so große Wellen geben kann.

🛟 BEIM KLABAUTERMANN

Viele Seemänner sind abergläubisch. So glauben sie zum Beispiel an den Klabautermann. Das ist ein unsichtbarer guter Geist auf dem Schiff, der allerdings auch viel Unfug treibt. Wenn es auf dem Schiff poltert, verstaut der Klabautermann die Ladung im Rumpf. Pocht er am Schiffskörper, zeigt er damit an, dass der Zimmermann etwas reparieren muss. Häufig sitzt er oben in den Segeln, wenn Wind weht. Gefährlich wird es allerdings, wenn die Mannschaft den Geist plötzlich sehen kann. Denn das ist das Zeichen, dass das Schiff bald untergeht.

🛟 SIRENEN

Während es der Klabautermann mit den Seeleuten gut meint, haben die Sirenen (halb Frau, halb Vogel) nur Böses im Sinn. Mit ihren Gesängen verwirren sie die Seefahrer derart, dass sie nicht mehr Kurs halten, an den Klippen zerschellen und dort ein nasses Grab finden.

Sirenen

PUMUCKL

Auch die kleine rothaarige Zeichentrickfigur namens Pumuckl, die beim Schreinermeister Eder wohnt, ist nach eigener Aussage ein Klabautermann. Kennst du ihn?

99

GEHEIMNISSE UND GEFAHREN DES MEERES

Meerjungfrau als Galionsfigur

NIXEN UND MEERJUNGFRAUEN

Wo die Sirenen Verderben bringen, retten Nixen und Meerjungfrauen Seemänner aus Seenot. Die Fabelwesen mit einem weiblichen Oberkörper und einem Fischschwanz schwimmen durch viele Erzählungen und finden sich manchmal auch als Galionsfigur am Bug (der Vorderseite) von Segelschiffen. Sie sollen das Schiff auf Kurs halten und es vor Unglück schützen.

VERSUNKENE STÄDTE

Nicht nur Schiffe gehen im Meer unter. Auch Städte können mehr oder weniger spurlos in den Fluten verschwinden. Vielleicht hast du schon Geschichten von den sagenhaften Orten Atlantis, Vineta und Rungholt gehört. Was ist dran an den Geschichten? Und wie kommt es, dass ganze Siedlungen im Meer verschwinden?

NIXE ODER SEEKUH?

Mehrfach berichteten Matrosen, sie hätten eine der schönen Nixen gesehen, wie sie sich auf Steinen sonnte. Zweifler vermuten, dass es sich dabei nicht um Meerjungfrauen gehandelt hat, sondern um Seekühe, die sich ebenfalls gerne auf Klippen aufhielten. Weißt du, wie Seekühe aussehen? Und findest du, dass die Verwechselungsgefahr groß ist?

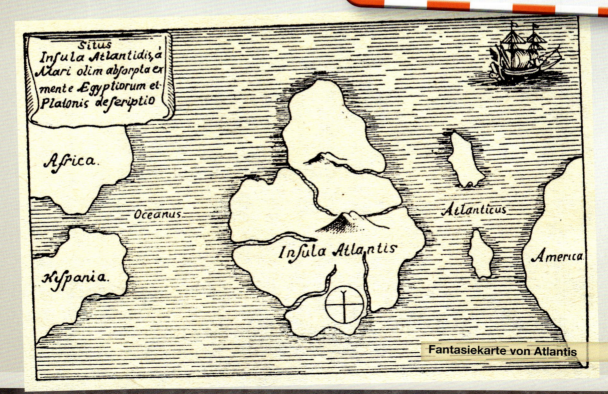

Fantasiekarte von Atlantis

100

🛟 NATURKATASTROPHE UND STRAFGERICHT

Der Untergang der Städte wird auf verschiedenen Ursachen zurückgeführt. Atlantis soll durch eine Monsterwelle oder ein Seebeben „verschluckt" worden sein. Vineta, in der Ostsee gelegen, versank der Legende nach als Strafe für die eitlen und wenig gottesfürchtigen Bewohner. Nicht anders soll es Rungholt vor der nordfriesischen Küste ergangen sein.

🛟 SCHATZSUCHE

Sowohl Atlantis als auch Vineta sollen sehr reich gewesen sein. Kein Wunder, dass immer noch nach ihnen gesucht wird. Einen Schatz findet schließlich jeder gerne. Nur weiß man nicht so genau, wo man suchen soll. Atlantis wird sowohl in der Nähe Kretas als auch im Bermuda-Dreieck vermutet, Vineta vor Fischland-Darß-Zingst und vor Usedom.

SPUREN IM WATT

Bisher konnte nur die Existenz von Rungholt bewiesen werden. Im Wattenmeer in der Nähe der Hallig Südfall fand man Überreste des Handelsortes, der im Jahr 1362 in einer gewaltigen Sturmflut unterging. Diese Flut bekam den Namen „Zweite Marcellusflut" oder „Grote Mandränke". Das bedeutet in etwa „großes Ertrinken".

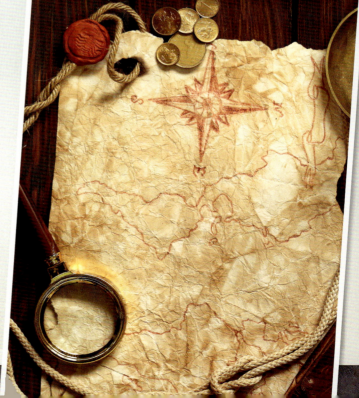

SAGEN & LEGENDEN

101

PIRATEN FRÜHER UND HEUTE

⊙ BERUF MIT TRADITION

Piraten gibt es, seit die Menschen zur See fahren und mit anderen Ländern Handel treiben. Ab diesem Zeitpunkt lohnte es sich, die Handelsschiffe zu überfallen und die Kaufleute auszurauben. Die Seeräuber waren überall gefürchtet, denn eine Begegnung mit ihnen bedeutete nicht nur finanziellen Verlust, sondern kostete Mannschaft und Mitreisende oft auch das Leben. Das rücksichtslose und brutale Vorgehen wurde aber nicht von allen verteufelt, denn viele Piraten plünderten auf Anordnung ihres Königs die Schiffe feindlicher Nationen.

⊙ PIRAT DER KÖNIGIN

Ein berühmter Pirat war Francis Drake. Im Auftrag von Königin Elisabeth I kaperte er im 16. Jahrhundert mehrere Schiffe. Bei seiner Rückkehr feierte man ihn als Held und die Königin schlug ihn zum Ritter.

KAPERBRIEFE

Besaßen Seefahrer einen Kaperbrief ihres Königs, hatten sie den Auftrag, feindliche Handelsschiffe zu überfallen. Ein Teil der Beute bekam der Staat, den Rest teilten die Piraten unter sich auf. Wer einen Kaperbrief besaß, konnte nicht wegen Piraterie angeklagt werden.

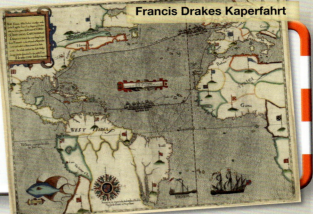

Francis Drakes Kaperfahrt

⦿ ANSCHLEICHEN

Vielleicht fragst du dich, wie man sich mit einem Schiff auf See an ein anderes anschleichen kann. Schließlich kann man bei gutem Wetter meilenweit sehen. Viele Schiffe fuhren damals dicht unter Land, das bedeutet, in Sichtweite der Küste. Nicht alle Boote waren für die Fahrt auf hoher See geeignet. In diesem Fall konnten sich die Piraten mit ihrem Boot in einer Bucht verstecken und die Verfolgung aufnehmen, wenn ein Handelsschiff vorbeifuhr. Gute Möglichkeiten zum Überfall boten auch enge Gewässer wie Meerengen oder Inselgruppen.

⦿ KLAR ZUM ENTERN!

Um in den Besitz der Beute zu gelangen, musste man dicht an das Handelsschiff heran. Mithilfe von Enterhaken gelangte man an Bord und kämpfte die Mannschaft nieder. Kanonen kamen selten zum Einsatz, weil die Piraten die Beute nicht beschädigen oder aus Versehen versenken wollten.

LEICHTER = SCHNELLER

Wenn der Wind für beide Schiffe gleich weht, muss der Verfolger entweder besser steuern oder ein leichteres Schiff haben. Die kleineren Piratenboote waren oft wendiger und schneller als die behäbigen Handelsschiffe, die wegen ihrer Ladung tief im Wasser lagen.

103

UNTER DER TOTENKOPFFLAGGE

Hast du dich schon einmal als Pirat verkleidet? Dann gehörten zu deiner Ausstattung bestimmt auch eine Augenklappe und eine Totenkopfflagge. Diese Flagge, die auch Jolly Roger genannt wird, sollte die Angegriffenen in Angst und Schrecken versetzen und sie zur Aufgabe bewegen. Wer genau die Flagge erfand und wann sie zum ersten Mal gehisst wurde, ist nicht ganz geklärt. Sicher ist aber, dass ab dem Jahr 1700 Schiffe unter dem Totenkopf fuhren.

FREUND ODER FEIND?

Um möglichst lange unentdeckt zu bleiben, fuhren Piraten nicht von vornherein unter der Totenkopfflagge. Oft führten sie sogar die Flagge des Schiffes, dass sie überfallen wollten. So glaubte dessen Besatzung, dass sie von dem sich nähernden Boot nichts zu befürchten hätten – bis es zu spät war. Erst dann wurde die Flagge mit dem Totenschädel aufgezogen.

Piratin Anne Bonny

PIRATINNEN

Auch Mädchen verkleiden sich manchmal als Piratin. Tatsächlich hat es auch Piratinnen gegeben, die – zum Teil als Männer verkleidet –, mit auf Beutezug gingen. Zu ihnen zählen die englische Piratin Mary Read und die Irin Anne Bonny.

> **SIEBEN MANN AUF HUNDERT METER**
>
> Was schätzt du? Wie groß ist die Besatzung auf einem mehrere Hunderte Meter langen Containerschiff? Wahrscheinlich liegst du darüber. Auf dem derzeit größten Schiff, der „Marco Polo" gibt es lediglich 25 Mann Besatzung, obwohl es fast 400 Meter lang ist.

PIRATEN MIT PS

Auch heute gibt es noch Piraten. Sie kommen aber nicht mehr mit Segelschiffen, sondern mit schnellen, kleinen hochmotorisierten Booten. Im Schutz der Dunkelheit versuchen sie, unbemerkt an Bord der großen Handelsschiffe zu gelangen. Mit Maschinengewehren bewaffnet bringen Sie den Kapitän und die Mannschaft in ihre Gewalt. Auf die Fracht haben sie es dabei gar nicht mehr abgesehen. In der Regel fordern sie von der Reederei (dem Schiffsbesitzer) Lösegeld.

NICHT ZUR LEICHTEN BEUTE WERDEN

In besonders gefährdeten Regionen (vor den Küsten von Nigeria und Somalia) fahren Containerschiffe manchmal mit bewaffnetem Begleitschutz. Stacheldraht an der Reling sowie Wasser- und Lärmkanonen, die auf die Piraten gerichtet werden, sollen ein Entern verhindern.

Somalischer Pirat

VOM WELLENGANG ZUM UNTERGANG

🛟 STURMFLUTEN

Wenn ein Sturm über die Nord- oder Ostsee fegt, schiebt er die Wassermassen vor sich her. Dann kann es an den Küsten zu einer Sturmflut, einem viel höheren Wasserstand als sonst kommen. Die Menschen sind zwar durch Deiche vor der Flut geschützt, doch manchmal kommt es vor, dass die Wälle brechen. Dann wird das Land dahinter überflutet.

🛟 TSUNAMIS

Ein Vulkanausbruch unter dem Meer oder ein Seebeben kann einen Tsunami auslösen. Das Wasser des Ozeans türmt sich dann zu einer riesigen Welle, die sich rasend schnell über das Meer bewegt. Trifft sie auf die Küste, reißt sie Häuser und Menschen mit sich. Der schlimmste Tsunami ereignete sich am 26. Dezember 2004. Damals verloren mehr als 300.000 Menschen ihr Leben.

🛟 FEHLKONSTRUKTION

Schiffskatastrophen gibt es, seit Schiffe gebaut werden. Die *Vasa*, ein schwedisches Kriegsschiff, startete 1628 zu ihrer Jungfernfahrt. Kennst du den Ausdruck? So nennt man die erste Fahrt eines neuen Schiffes. Es wurde zugleich ihre letzte. Die *Vasa* sank nach wenigen Metern vor dem Stockholmer Hafen, weil eine Windböe das kopflastige Schiff erfasste und zum Kentern brachte. Die Kanonenluken liefen voll Wasser und das Schiff ging unter.

🛟 ERST DER EISBERG, DANN DAS SCHOTT

Auch die Jungfernfahrt der *Titanic* hätte nicht in solch einer großen Katastrophe enden müssen. Der Luxusliner besaß zwar wasserdichte Schotten, das sind Trennwände aus Metall, aber sie schlossen an der Oberseite nicht dicht ab. Es blieb ein Spalt, durch den das Wasser nach dem Zusammenstoß mit einem Eisberg unaufhaltsam das Schiff flutete.

MONSTERWELLEN

Lange Zeit hielt man sie für eine Erfindung von Seeleuten. Inzwischen weiß man, dass auf dem Meer Wellen entstehen können, die mehr als 30 Meter hoch sind. Sie werden „Freak Waves", „Riesenwellen" oder „Kaventsmann" genannt. Auch unter Wasser kann es Monsterwellen geben. Sie werden sogar bis zu 200 Meter hoch.

VOM WELLENGANG ZUM UNTERGANG

SEEFAHRT FRÜHER UND HEUTE

ZURÜCK IN DIE STEINZEIT

Wissenschaftler gehen davon aus, dass schon die Menschen in der Steinzeit einfache Wasserfahrzeuge benutzten und auf Fischfang gingen. Ungefähr ab 21.000 vor Christus finden sich auf verschiedenen Kontinenten Beweise dafür: Steine von weit entfernten Stränden, Muschelreste, Paddel, Harpunen und Fischernetze sind darunter.

BOOTSBAU

Etwa ab 7000 vor Christus wagten sich die Menschen weiter auf das Wasser hinaus. Dafür brauchten sie seetüchtige Wasserfahrzeuge. Wie würdest du ein Boot bauen? Aus welchem Material wäre es? Die ersten Boote, die auf das offene Meer hinausfuhren, waren ganz unterschiedlicher Bauart. In Europa fertigte man kleine Schiffe aus Planken (schmalen Brettern) oder fuhr mit Kähnen, die mit Fell bespannt waren. In Ägypten segelte man mit Papyrusschiffen über den Nil und in Afrika und Japan wurde der Einbaum, ein Baumstamm, als Boot genutzt.

SEEFAHRT FRÜHER UND HEUTE

EINKAUFEN FAHREN

Die Seefahrt machte Handel mit anderen Völkern möglich. Man segelte zum Beispiel zur Nachbarinsel und tauschte Edelsteine gegen Muschelketten. Es dauerte nicht lange, da transportierte man Steine und andere Rohstoffe, Vieh, aber auch Soldaten in die Nähe von Kriegsgebieten. Die Schiffe wuchsen mit der Größe und dem Gewicht ihrer Ladung.

SCHIFFSTYPEN

Ab dem 12. Jahrhundert boomte die Handelsschifffahrt. Die Schiffe der Hanse, ein Zusammenschluss von Kaufleuten zum Zweck des Handelns, befuhren die Nord- und Ostsee mit Koggen. Das waren Schiffe mit einem Mast. Spanier und Portugiesen stachen mit Dreimastern (Karavellen, Karacken) in See. Die Galeone, ebenfalls ein Dreimaster, wurde als Kriegsschiff eingesetzt.

MUSKELKRAFT UND WIND

Motoren gab es noch nicht. Die Boote wurden entweder durch Wind angetrieben oder es wird gepaddelt. Kannst du dir vorstellen, dass es damals (3000 vor Christus) bereits ein großer Fortschritt war, als die Paddel durch Riemen ersetzt wurden? Größere Schiffe wurden nun gerudert.

111

DER MENSCH UND DAS MEER

Dampfschiff

DAMPFSCHIFFE

1783 wurde das erste dampfbetriebene Schiff gebaut. Nur wenige Jahre später fuhren die ersten Dampfer im Linienbetrieb entlang der Küsten. Sie wurden von einem riesigen Schaufelrad angetrieben. Vielleicht hast du schon einmal eines gesehen? In einigen Gegenden fahren Ausflugsdampfer heute wieder mit diesem Antrieb. Mit der Erfindung des Propellers verlor das Schaufelrad an Bedeutung. Die Neuerung setzte sich schnell durch und bis heute ist die „Schraube" der gängige Schiffsantrieb.

CONTAINERSCHIFFE

Immer mehr Waren werden auf dem Seeweg befördert. Sie lassen sich am besten verstauen, wenn sie in Containern verladen werden. Diese Metallboxen haben eine einheitliche Größe, die auf eigens dafür gebauten Containerschiffen platzsparend verladen werden. Das erste Schiff dieser Art fuhr 1956 in den USA.

HÖHER, LÄNGER, SCHWERER

Seitdem sind die Schiffe immer größer geworden. Tausende von Containern haben Platz auf ihnen. Neue Häfen müssen gebaut und Flüsse ausgebaggert werden, weil die „Riesen" sonst nicht mehr anlegen können.

Containerschiff

112

🛟 STERNGUCKER

Zu Beginn der Seefahrt gab es weder Kompass noch Satelliten, verlässliche Seekarten oder Radar. Die Seeleute fanden ihren Weg anhand der Sterne und orientierten sich am Lauf der Sonne. Auch Landmarken und vorherrschende Windrichtungen gaben ihnen wichtige Hinweise, um ihren Standort zu bestimmen.

🛟 HILFREICHE INSTRUMENTE

Mit der Erfindung des Kompasses durch die Chinesen war es möglich, die Himmelsrichtung auch zu bestimmen, wenn Sonne und Sterne nicht zu sehen waren. Ab dem 15. Jahrhundert nutzten die Seefahrer einfache Winkelmessgeräte wie das Astrolabium, den Jakobsstab oder den Sextanten, um herausfinden, auf welchem Breitengrad sie sich befanden. Die Seekarten wurden genauer und mit dem Chronometer war schließlich auch die Bestimmung des Längengrades möglich. Die genaue Position eines Schiffes wird heute per GPS ermittelt.

DIE ERDE IST EINE SCHEIBE

Viele frühe Völker und Kulturen glaubten, dass die Erde eine Scheibe sei. Segelte man bis an ihren Rand, würde man von dort direkt in die Unterwelt oder in den Rachen eines Drachen stürzen. Unheimlich, oder?

SEEFAHRT FRÜHER UND HEUTE

SEEFAHRER UND ENTDECKER

DIE WELT EROBERN

Ohne zu wissen, was sie erwarten würde, wagten sich die ersten Seefahrer hinaus auf das Meer. War die Küste erst einmal außer Sicht, fuhren sie ins Unbekannte und konnten nicht sicher sein, wohlbehalten zurückzukehren. Das ist ganz schön mutig, findest du nicht auch? Warum taten sie das? Während sich die einen in fernen Ländern bessere Lebensbedingungen und neue Siedlungsmöglichkeiten erhofften, waren andere auf Handel und Schätze aus oder wollten ein Abenteuer erleben.

STABKARTE

Aus Stäben und Muscheln fertigten die ersten Seefahrer Karten, in denen die Position der neu entdeckten Inseln verzeichnet wurde.

MIT DEM KANU ÜBER DEN PAZIFIK

Die Polynesier waren die ersten großen Seefahrer der Welt. Schon ab 3000 vor Christus unternahmen sie mit ihren Doppelrumpf-Kanus Entdeckungsfahrten zwischen den Inseln im Pazifik. 2000 Jahre später hatten sie im Dreieck Neuseeland, Hawaii und Osterinseln alle größeren Inseln besiedelt. Sie navigierten anhand von Strömungsverhältnissen, Wolkenformationen, den Gestirnen und der Sichtung von Seevögeln.

Polynesisches Doppelrumpf-Kanu (Nachbau)

DRACHENBOOTE

Die Wikinger waren nicht nur gute Kaufleute und Handwerker, sondern auch unerschrockene Seeleute. In den Jahren 700 bis 1000 nach Christus erkundeten sie mit ihren wendigen Langbooten Flüsse, überquerten den Atlantik und errichteten Siedlungen in Island und Grönland.

ERIK UND LEIF

Zwei der bekanntesten Nordmänner waren Erik der Rote und Leif Eriksson, sein Sohn. Erik Thorvaldsson, der wegen seiner Haarfarbe den Beinamen „der Rote" bekam, floh als verurteilter Mörder aus Norwegen nach Island, wurde aber auch dort des Landes verwiesen. Er segelte über das Meer bis Grönland, wo er eine Siedlung aufbaute. Sein Sohn Leif wuchs in Grönland auf und gilt als der eigentliche Entdecker Amerikas. Er betrat als erster Europäer den nordamerikanischen Kontinent.

BEDEUTENDE HANDELSPLÄTZE

Neben kleineren Siedlungen gab es größere Handelsplätze, in denen Waren aus ganz Europa und der arabischen Welt gehandelt wurden. Birka in Schweden, Kaupang in Norwegen und Haithabu an der Schlei (damals zu Dänemark gehörig) zählten dazu.

SEEFAHRER UND ENTDECKER

AUS SEEFAHRERN WERDEN ENTDECKER

Ab dem 15. Jahrhundert fanden eine Reihe von Expeditionen und Seefahrten von Europäern statt, die das Bild von der Welt für immer verändern sollten. Wenn du dir heute auf einer Weltkarte die Meere und Kontinente ansiehst, kannst du dir wahrscheinlich nur schwer vorstellen, dass die Welt auf Karten damals ganz anders ausgesehen hat. Viele Länder, Inseln und ganze Kontinente waren dort nicht verzeichnet und viele von ihnen wurden nur zufällig „entdeckt".

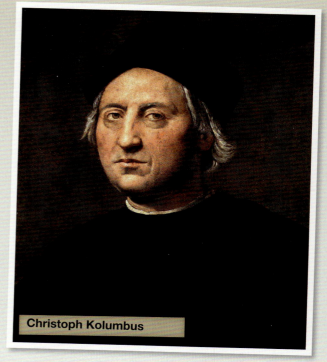

Christoph Kolumbus

DIE REISEN DES KOLUMBUS

Im Auftrag der spanischen Könige startete Christoph Kolumbus 1492 von der Südküste Spaniens mit drei Handelsschiffen. Ziel war es, den Seeweg nach Indien zu finden, um den Handel mit Gewürzen zu beschleunigen. Kolumbus segelte nach Westen und dachte, als er die Bahamas erreichte, er sei in Indien angekommen. Er nannte die Insel San Salvador und die Ureinwohner Indianer. Kuba, den nächsten Stopp auf seiner Reise, hielt er für Japan. Zu guter Letzt erreichte er Haiti, das er Hispaniola taufte.

EINMAL IST NICHT GENUG

Kolumbus unternahm noch drei weitere Reisen, die ihn nach Mittel- und Südamerika führten.

Kolumbus' Karte

ENDLICH INDIEN

Was Kolumbus nicht geschafft hatte, gelang dem portugiesischen Seefahrer Vasco da Gama (um 1469 bis 1524). Er entdeckte den Seeweg nach Indien. Zwei Jahre, von 1497 bis 1499, dauerte die anstrengende Reise. Von den 170 Männern an Bord der drei Schiffe zu Beginn der Fahrt kehrten nur 55 zurück. Sicher fragst du dich, warum die Entdecker solche Anstrengungen auf sich nahmen? In der Heimat feierte man sie als Helden, verlieh ihnen Titel und bezahlte sie oft fürstlich.

Vasco da Gama

Darstellung von Magellans Schiff

EIN LEBEN FÜR ENTDECKUNGEN

Das Leben auf See war anstrengend, das in fremden Ländern häufig gefährlich. Kämpfe mit Einheimischen kosteten den Weltumsegler Ferdinand Magellan (1480 bis 1521) und den englischen Seefahrer und Kartografen James Cook (1728 bis 1779) das Leben. Er entdeckte Hawaii und erforschte die Südsee.

AMERIGO VESPUCCI

Der italienische Seefahrer Amerigo Vespucci konnte durch seine eigenen Seereisen beweisen, dass Kolumbus einen neuen Kontinent entdeckt hatte. Auf der ersten Karte des „Neulandes" nannte der Kartograf den Kontinent zu Ehren Vespuccis Amerika.

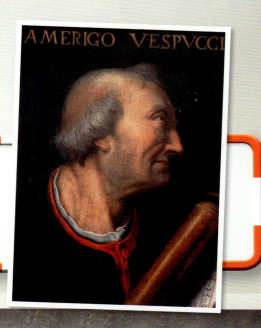

SEEFAHRER UND ENTDECKER

117

U-BOOTE UND UNTERWASSER-STATIONEN

🛟 KRIEG UND FRIEDEN

Ins Meer abzutauchen und dort länger bleiben zu können, als die eigene Atemluft reicht, beschäftigte die Menschen seit der Antike. Sie dachten sich Schnorchel und Atemglocken aus, ganz ähnlich den Vorrichtungen, die du auch kennst. Auch Ideen für Unterwasserboote gab es bereits. Mit ihrer Hilfe sollte es möglich werden, sich feindlichen Schiffen unbemerkt zu nähern. Im Zusammenhang mit militärischer Nutzung werden Unterwasserfahrzeuge deshalb heute U-Boote genannt. Dienen sie Forschungszwecken, heißen sie Tauchboote.

🛟 MIT HANDKURBEL UND NASSEN FÜSSEN

Hast du schon einmal ein modernes U-Boot besichtigt? Eine Menge Geräte, Hebel und Schalter befinden sich in dem engen Raum. Die ersten U-Boote sahen allerdings ganz anders aus. Sie bestanden aus Holz, liefen voll Wasser und sanken dadurch. Wollte man wieder an die Luft, musste man das Wasser mühsam herauspumpen. Angetrieben wurden sie mit Handkurbeln.

KAPITÄN NEMO UND DIE NAUTILUS

Jules Verne erfand in seinem Buch „20.000 Meilen unter den Meeren" (1869) das Tauchboot Nautilus. Es war seiner Zeit technisch weit voraus.

DER MENSCH UND DAS MEER

🛟 DAS MEER VON UNTEN

Möchtest du dir das Meer von unten ansehen, aber trotzdem trockene Füße behalten? Dann kannst du einen Ausflug mit einer Tauchgondel machen. In einigen Badeorten gibt es solche Glocken, mit denen du auf den Meeresboden hinabtauchen kannst. Wenn du Glück hast, schwimmen gerade ein paar Fische vorbei. Nach ungefähr einer halben Stunde unter Wasser schwebst du zurück an die Wasseroberfläche.

🛟 WOHNORT UNTERWASSERSTATION

Unterwasserstationen bieten Forschern die Möglichkeit, viel länger unter Wasser zu bleiben. Sie bleiben ein bis zwei Wochen dort, um zu forschen und zu experimentieren. In der Station haben sie alles, was sie für diese Zeit brauchen. Schmale Betten (Kojen) zum Schlafen, eine Küche (Kombüse) und natürlich eine Menge an technischen Geräten. Frische Luft und den notwendigen Strom bekommen sie über eine Versorgungsboje, die an der Meeresoberfläche schwimmt, geliefert.

> **REKORD**
>
> *Eines der berühmtesten Tauchboote ist die Trieste. Mir ihr waren Jacques Piccard und Don Walsh 1960 bis in eine Tiefe von 10.916 Metern getaucht. So tief wie nie wieder ein Mensch nach ihnen.*

U-BOOTE UND UNTERWASSER-STATIONEN

119

BERUFE RUND UM DAS MEER

🛟 AM UND IM MEER

Viele Menschen arbeiten am und im Meer. Sie bieten Führungen an, vermieten in den Tourismusorten Zimmer an Gäste, fahren auf großen und kleinen Schiffen Menschen und Fracht, retten Ertrinkende oder erforschen Meerstiere und -pflanzen. Was gehört zu ihrer Arbeit?

🛟 WATTFÜHRER

Wattführer gibt es nur im Wattenmeer. Sie kennen sich besonders gut in der von Prielen durchzogenen Landschaft aus. Sie wissen genau, wann Flut und Ebbe herrschen und wann es ungefährlich ist, sich von der Küste zu entfernen. Auf ihren Führungen lernst du viel über die Tiere, die im Watt leben und darüber, wie du sie entdeckst. Jede Wattführung ist anders, denn auch die Landschaft ändert sich mit jeder Überflutung des Meeresbodens. Wattführer wissen das und passen ihre Routen diesen Veränderungen an.

KAPITÄN

Ein Kapitän hat das Kommando auf dem Schiff. Es ist seine Aufgabe, Schiff und Mannschaft sicher in den Zielhafen zu bringen. Kapitäne befehligen große Containerschiffe, aber auch kleine Kutter.

FISCHER

Hochseefischer sind bei fast jedem Wetter und oft mehrere Tage unterwegs. Sie arbeiten dann auch nachts. Es gibt aber auch Fischer, die fahren nicht weit aufs Meer hinaus und kommen nach ein paar Stunden wieder in den Hafen zurück. Auf einigen Booten, zum Beispiel Krabbenkuttern, kannst du mitfahren und den Männern und seltener auch Frauen bei der Arbeit über die Schulter schauen.

MEERESBIOLOGEN

Die Arbeiten von Meeresbiologen sind so vielfältig wie das Meer selbst. Sie erforschen Pflanzen und Tiere in den Ozeanen, untersuchen Kleinstlebewesen, nehmen Gewässerproben und führen Experimente durch. Manchmal entdecken sie sogar neue Arten. Was würdest du erforschen wollen?

SEENOTRETTER

Gerät ein Schiff oder eine Schiffsbesatzung in Seenot, eilen ihnen die Seenotretter zu Hilfe. Sie retten Segler von gekenterten Jachten, Fischer von manövrierunfähigen Kuttern, suchen nach Verschollenen oder bringen Verletzte an Land. Die meisten Seenotretter arbeiten ehrenamtlich, das heißt, sie sind nicht fest angestellt und leisten ihren Dienst in ihrer Freizeit.

BERUFE RUND UM DAS MEER

ENERGIE UND ROHSTOFFE

🛟 VOLLER ENERGIE

Das Meer ist nicht nur reich an Tieren, es birgt auch viele Bodenschätze. Die Vorkommen sind so groß, dass sich ihre Ausbeute lohnt, obwohl die Förderung teuer ist. Neben Rohstoffen besitzt das Meer noch zwei Dinge im Überfluss: Wind und Wellen. Beides wird zur Energiegewinnung genutzt.

🛟 WINDMÜHLEN AUF DEM MEER

Dreiflügelige Windmühlen stehen nicht mehr nur an Land. Inzwischen siehst du sie auch auf dem Meer, oft sogar von der Küste aus. Sie stehen dicht beisammen und bilden sogenannte Windparks. Der Wind treibt die Flügel und sie setzen eine Turbine in Gang. Die so gewonnene Energie wird über Seekabel bis zum Festland transportiert und von dort weiter verteilt.

PROBIERE ES AUS!

Einen Rohstoff kannst du selbst aus dem Meer gewinnen: Salz. Schöpfe ein wenig Meerwasser in eine flache Schüssel. Stelle sie in die Sonne und warte, bis das Wasser verdunstet ist. Zurück bleibt ein feiner Belag aus Salzkristalle. Koste mal! Ganz ähnlich funktioniert auch die Salzgewinnung an den Küsten. Allerdings sind die Becken, in denen das Wasser verdunstet, dort viel größer.

Bohrinsel

🛟 ERDÖL UND ERDGAS

Unter dem Meeresboden liegen große Erdöl- und Erdgasvorkommen. Sie werden von riesigen Bohrplattformen gefördert, die wie stählerne Monster aus dem Meer aufragen. Bohrinseln sind wie kleine Städte. Auf ihnen wird nicht nur gearbeitet, die Arbeiter leben für die Zeit ihrer Arbeitsschicht auch dort. Nach zwei Wochen werden sie abgelöst und können für vier Wochen nach Hause zu ihrer Familie.

🛟 DIE KRAFT DES WASSERS

Warst du schon einmal in starker Brandung baden? Dann hast du bereits einen Eindruck bekommen, welche Kräfte Wellen haben können. Diese Wellenenergie kann man nutzen, um Turbinen anzutreiben. So wird aus der Welle elektrische Energie. Auch der Höhenunterschied zwischen Ebbe und Flut, der Tidenhub, lässt sich in Gezeitenkraftwerken in Strom umwandeln.

MANGANKNOLLEN

Sie liegen im Pazifik in ungefähr 5000 Meter Tiefe, sind schwarz und knollig. Die Rede ist von Manganknollen. Sie enthalten neben Mangan auch große Mengen Kupfer, Eisen, Kobalt und Nickel und sind deshalb als Rohstoff interessant.

Gezeitenkraftwerk

ENERGIE UND ROHSTOFFE

123

VERSCHMUTZUNG UND ÜBERFISCHUNG

🛟 FISCHERNETZ UND BADELATSCHEN

Sicher hast du bei einem Strandspaziergang auch schon Dinge gesehen, die dort nicht hingehören. Einzelne Badelatschen, Stücke von Fischernetzen, Flaschenverschlüsse oder Gummihandschuhe. Mit dem Hochwasser werden sie an den Strand gespült. Wo kommen sie her? Sie wurden achtlos weggeworfen, sind von Bord gefallen oder im Falle der Netze abgerissen.

🛟 PLASTIKSTRUDEL

Das, was du am Strand siehst, ist nur ein geringer Teil dessen, was im Meer treibt. Riesige Müllstrudel gibt es dort. Plastik verrottet extrem langsam und eine einmal im Meer treibende Plastikflasche ist erst nach 450 Jahren vollständig abgebaut. Bis dahin wird sie zerrieben und dabei immer kleiner. Die ganz winzigen Stückchen haben einen Namen: Mikroplastik.

PROBIERE ES AUS!

Nimm eine Schaufel Strandsand, streiche ihn glatt und betrachte ihn mit einer Lupe. Falls du ein Mikroskop besitzt, kannst du dir darunter kleine Portionen anschauen. Was siehst du? Sand, Fasern, komische kleine Teilchen? Bei allem, was bunt ist, handelt es sich höchstwahrscheinlich um Plastik.

⦿ UMWELTKATASTROPHE

Da die Meere inzwischen viel befahren sind, passieren auch häufiger Unfälle. Schiffe stoßen zusammen, laufen auf Grund oder kentern in schwerer See. Die Folge ist oft eine Umweltkatastrophe. Auslaufendes Öl, Treibstoffe oder andere Chemikalien bedeuten für viele Tiere in diesem Gebiet den Tod.

⦿ LEERGEFUTTERT

Isst du gerne Fisch? Viele Menschen brauchen und mögen ihn jedenfalls – das kann zum Problem werden. Wenn immer mehr und immer kleinere Fische gefangen werden, ist das Meer irgendwann leer. Deshalb gibt es Fangquoten. Das bedeutet, dass jeder Fischer nur eine vorher festgelegte Menge fischen darf. Um den Fischbedarf zu sichern, gibt es Fischfarmen, in denen Lachse, Garnelen oder Forellen gezüchtet werden.

ÖL IM GEFIEDER

Seevögel, die mit Öl auf dem Wasser in Berührung kommen, sterben, wenn sie nicht in einer Rettungsstation gesäubert werden. Das Gefieder verklebt, weshalb die Vögel versuchen, es mit dem Schnabel zu reinigen. Dabei nehmen sie Öl auf und vergiften sich. Verklebte Federn hindern das Tier am Fliegen und und halten es auch nicht mehr ausreichend warm.

REGISTER

Albatros	72 ff.
Arktischer Ozean	11, 26, 56
Ästuar	35
Atlantischer Ozean	11, 25
Bartenwal	69
Basstölpel	40, 74
Blauhai	65
Braunalgen	18, 40, 88
Dämmerungszone	20 ff.
Delfin	68 ff.
Ebbe	15, 28, 40 f., 41, 43, 45, 50, 120, 123
Eisberg	27, 54, 56, 107
Eissturmvogel	40, 56
Fächerfisch	31
Felsküste	17, 39 ff.
Feuerschwamm	51
Flunder	66
Flut	15, 17 f., 28, 39 f., 42 ff., 106, 120, 123
Fregattvögel	73
Gletscher	14, 54
Great Barrier Reef	29
Hallig	42
Hammerhai	65
Hurrikan	28
Indischer Ozean	11, 26
Jakobsmuschel	77
Katzenhai	65
Kegelrobbe	39
Kelp	41, 71
Kemps Bastardschildkröte	67
Kontinentalhang	21
Kontinentalschelf	21, 36
Koralle	29, 31, 46 ff., 60, 78
Küstenmeer	34 f.
Meeresboden	24, 42 f., 50 ff., 76, 79, 83, 119 f., 123
Meeresschnecke	18, 76
Mittelatlantischer Rücken	29, 52
Mitternachtszone	20 f.
Mondfisch	66
Mördermuschel → Riesenmuschel	29
Möwe	38, 40, 73
Pangäa	10

Panthalassa 10
Papageientaucher 75
Pazifischer Ozean 11, 24, 114, 123
Perlboot 77
Persischer Golf 26
Pinguin . . . . 30, 56 f., 73, 75
Plankton . . . . 22, 30, 36 f., 46, 56, 64, 79, 80 ff., 88
Polarmeer . . . . 26 f., 54 ff., 75
Polyp . . . . 47 f., 78
Portugiesische Galeere 29
Pottwal 30, 37, 69
Qualle 29, 56, 60, 67, 73, 78
Riesenhai 37, 64
Riesenmaulhai 64
Riesenmuschel 29
Riesenschwamm 31
Ross, James Clark 54
Rotes Meer 26
Salzwasser . . . . 13 f.
Salzwiese 42, 44
Sandküste . . . . 38 f.
Schelf . . . . 21, 35 ff., 54
Schelfmeer . . . . 35 ff.
Schwarzer Raucher 61
Schwertwal . . . . 56 f.
Seeanemone 41, 49, 78
Seegurke 79
Seetang 41, 88
Seeblase 29
Seekuh 68, 71, 100
Seeotter 41, 68, 71
Seepocken 18, 40
Seestern 41, 49, 53, 60, 79
Sonnenlichtzone . . . . 20 ff.
Steinfisch 30, 41
Sturmseeschwalbe . . . . 73 f.
Sturmvogel 40, 56, 73
Suppenschildkröte 67
Süßwasser . . . . 12 ff.
Taifun 28
Tiefsee . . . . 10, 20, 23, 51 ff., 58 ff., 84 ff.
Tiefsee-Ebene . . . . 20 f., 52
Tintenfisch . . . . 67, 76 f., 93
Totes Meer 13
Trottellumme 40, 73
Walhai 30, 64
Wattenmeer . . . . 34, 42 ff., 101, 120
Wattwurm . . . . 44 f.
Zahnwal 37, 69
Zitronenhai 65
Zyklon 28

REGISTER

BILDNACHWEIS

dpa Picture Alliance, Frankfurt: picture alliance/WILDLIFE 30 u., 31 o.; picture alliance 35 o., 51 u., 77 u.; picture alliance/ZB/euroluftbild 42 u.; picture alliance/Westend61 50 u.; picture alliance / blickwinkel 52 o. + u.; picture alliance/WaterFrame 80 o. l.; (c) dpa 81, 105 o., 121 u.; picture alliance/WaterFrame 82 o.; picture alliance/WaterFrame 83 o.; picture alliance/chromorange 96 o. + u.; picture-alliance / akg-images 99 u.; picture alliance/AP Images 105 u.; picture alliance/arkivi 112 o.; **fotolia.com:** djama 11 M EpicStockMedia 12 o.; Andrey Kuzmin 12/13; Tropical studio 13 o.; doris oberfrank-list 14 o.; hecke71 14 M.; helmutvogler 15, 42 M.; schulzfoto 16 o.; pixs:sell 16/17; ncuisinier 19 u.; superjoseph 23 u.; Guillaume Le Bloas 25 u.; Anton Balazh 26 o.; Serg Zastavkin 27 u.; wernerrieger 30 o.; marcobarillari 34; sin_ok 36 u.; emyca 38 M.; Aleksandr Simonov 38 u.; stylefoto24 39 o.; PRILL Mediendesign 40 o.; ksabindoran 41 M.; Saimanfoto 43 u.; oparauschebart 44 o.; Herb 44 u.; Markus Haack 45 o; Vera Bethke 45 u.; keite50 50 o.; aquapix 53 u.; Krane 66 u.; Christian Colista 70 u.; wildnerdpix 75 M.; Fluoo 76 u.; ktotam 77 o.; francescopaoli 78 u.; seaphotoart 79 o.; Brian Kinney 80 o. r.; Dmitrijs Mihejevs 80 u.; francescodemarco 81 o.; Aquafoto 82 u.; whitcomberd 83 M.; Richard Carey 88 o.; animaflora 89 M.; Photobeute 89 u.; Rhombur 97 o.; Juulijs 100 u.; Tom Bayer 102 o.; Pix by Marti 103 u.; Sergiogen 104 o.; by-studio 113 o.; Pavel Timofeev 113 u.; Michael Rosskothen 115 o.; khosrork 115 u.; Tom-Hanisch 120 o.; lassedesignen 120 u.; Iakov Kalinin 122 M.; corlaffra 123 o.; a454 123 u.; structuresxx 124 u. l.; eevl 124 u. r. **mauritius images:** 11 o., 37 u.; **pixelio. de:** Ulrich Metzger 51 M.; **shutterstock.com:** Ivonne Wierink 18 o.; chbaum 18 M.; Nataliya Hora 19 o.; Harvepino 24 o., 27 o.; ixpert 25 o.; Yongyut Kumsri 26; nicolasvoisin44 37 o.; albund 53 o.; Shane Myers Photography 67 u.; e2dan 79 u.; dani3315 100 o.; andrej pol 101 o.; Dream79 101 u.; Everett - Art 102 u.; ChameleonsEye 114 u.; wim claes 125 o.; osmanpek33 125 M.; **Sonstige:** Urheber: Falconaumanni, Lizenz: cc-by-sa 10 M.; Urheber: Fred Hsu, Lizenz: cc-by-sa 41 u.; Urheber: Martina Nolte, Lizenze: cc-by-sa 43 o.; Urheber: Tiit Hunt, Liznenz: cc-by-sa 66 o.; Urheber: expl6397, Lizenz: cc-by-sa 87 u.; Urheber: Narrissa Spies, Lizenz: cc-by-sa 88 M.; Lizenz: cc-by-sa 114 u.